개더링
GATHERING

개더링
GATHERING

하 나 됨 의 여 정

데이빗 데미안 · 기록문화연구소 지음

국민북스

하나님이 개더링을 통해 나라와 민족, 열방을 살리십니다!

황은혜 목사(그레이스선교교회 담임)

1. 개더링(GATHERING)

개더링은 한번 유행하고 사라지는 무브먼트가 아닙니다. 말라기 4장 5~6절의 말씀처럼 부모세대와 자녀세대가 하나 되어 함께 나아가는 가족의 여정입니다. 개더링에는 조직도, 건물도, 특정한 틀도, 계획도 없습니다. 오직 주님만 바라보고, 주님 말씀에 순종해 그 뜻대로 한 발자국 한 발자국 아무도 가보지 않은 길을 걸어가고 있습니다. '코리아 개더링'이 여기까지 온 것은 정말 하나님이 이뤄주신 기적입니다.

2. 시작-세월호

2014년 4월, 세월호가 그 안에 타고 있던 300여 명의 아이들과 함께 침몰함으로써 대한민국은 큰 위기에 처하게 되었습니다. 당시 저는 교회 성도님들과 함께 급히 진도 팽목항에 가서 기도하는 것을 시작으로 대한민국 곳곳을 밟으며 중보기도를 드렸습니다. 이 나라와 민족을 위한 간절한 중보와 눈물의 기도를 하나님께 올려 드렸습니다. 세월호처럼 이 나라가 침몰하고 무너지는 것을 막아주시기를 하나님께 간구했습니다. 나라와 민족의 갈라진 틈을 막아서는 일에 저의 생명을 걸었습니다.

3. "이제 너희 나라는 살았다"

   하나님의 인도하심으로 기드온 추 목사님의 서울 집회를 통해 처음 개더링을 접하게 되었습니다. 그때 "이제 너희 나라는 살았다. 이제 너희 나라에는 소망이 있다"라는 하나님의 음성을 분명히 들었습니다.

4. 나의 소원은 남북통일

   저의 소원은 이 나라와 민족이 예수님 안에서 하나 되고, 통일되는 것입니다. 오래전 하나님께서 제게 환상을 보여 주셨습니다. '하나님의 큰 손'이 나타나 찢긴 한반도를 꿰매고 있는 장면이었습니다. 공산주의라는 파괴와 분열의 영은 한반도를 둘로 갈라놓고 찢었지만 하나님은 하나가 되게 꿰매는 분이십니다. 개더링은 나라와 민족을 살리고 통일을 향해 나아가는 모임입니다. 그래서 저는 목숨 걸고 개더링에 뛰어들었습니다. 남한과 북한이 통일되기 전에 대한민국이 하나 되어야 합니다. 우리나라의 모든 교회가 이 '하나 됨의 여정'에 동행하기를 소원합니다.

5. 고베 개더링

2015년 봄, 고베 일본 개더링에서 한국의 가족들은 350개의 킹덤 패밀리 티셔츠를 입고 기도함으로써 하나로 뭉쳐지기 시작했습니다. 오랜 시간 갈라지고 분열되었던 한국교회가 그곳에서 하나가 되는 모습을 보며 정말 기뻤습니다. 그것이 바로 코리아 개더링이 열리게 된 시작점이었다고 생각합니다. 눈물로 기도했습니다. "주여, 원수 되었던 일본을 축복하시고, 부끄러워 숨고만 싶은 저희 한민족을 축복해 주옵소서. 주님, 당신은 개더링을 도구로 이 나라와 민족을 살리신다고 약속하셨습니다. 저희 대한민국에서도 개더링이 열리게 해주소서."

저는 하나님께서 하늘의 문을 열고 고베를 축복해 주시기를 간절히 기도하는 동시에 한국에서도 개더링이 열리기를 간구했습니다. 하나님 나라의 가족, 킹덤 패밀리로서 연합을 초월한 '예수 안에서 하나 됨'(Oneness)을 이뤄 주시기를 사모했습니다.

6. 코리아 개더링의 역사

2020년의 '서울 코리아 개더링'이 열리기까지 수많은 분들의 희생이 있었습니다. 2015년, 기드온 추 목사님과 함께 전국 투어를 할 때, 기드온 목사님의 장인어른이 소천하셨습니다. 2016년 1월, 부산 개더링을 준비하면서 김원철 목사님이 쓰러지셨습니다. 2017년 광주 코리아 개더링에서는 데이빗 데미안 목사님의 부친이 소천하셨습니다. 그럼에도 데미안 목사님은 장례를 10

일이나 늦추고 광주에 오셨습니다. 2018년 3월, 제주 글로벌 개더링에 참석한 중국 가족들은 정부로부터 큰 박해를 받았습니다. 2019년 6월, 남북 개더링 중간에 저는 뇌와 심장에 타격을 받아 응급실로 실려 가야 했습니다. 이런 모든 희생을 넘어 이제 우리는 2020년 서울 코리아 개더링을 열게 되었습니다.

7. 하나님은 개더링을 통해 나라와 민족을 살리십니다.

부산 개더링에서 호남의 목회자가 "제가 요나단이 되겠습니다. 부산이 다윗이 되어서 주님의 길을 열어 주십시오"라며 무릎 꿇고 고백한 것을 잊을 수 없습니다. 모든 세대가 북한에 들어가겠다고 함께 결단하며 달려 나온 것을 잊을 수 없습니다.

개더링은 나라와 민족을 살리는 모임입니다. 개더링에서 호남과 영남이 서로에게 용서를 구하며 끌어안고 하나가 되었습니다. 아비의 마음이 자녀에게로, 자녀의 마음이 아비에게로 향하게 되었습니다. 자기 교회만을 생각하던 지역 교회들이 하나가 되었습니다. 세대와 세대가 서로를 격려하며 끌어주고, 축복하며, 하나가 되었습니다. 하나님의 온전한 사랑이 임하여 두려움이 내어 쫓기는 것을 온몸으로 체험했습니다. 북한 땅을 향해 우리의 오병이어를 드리며 순종, 헌신하겠다고 모든 세대가 함께 결단하며 달려 나왔습니다.

데이빗 데미안 목사님을 통해서 우리는 '3H'를 깨닫게 되었습니다. "나의 주장, 생각, 색깔, 경험을 다 내려놓고 숨어라."(Hi dden) "더욱더 낮아지고 더 희생하고 더 겸손하라."(Humble) "말씀 앞에 끊임없이 무릎 꿇어 죄를 회개하고 예수님의 피로 씻어 정결케 하라."(Holy) "마지막 한 방울 '크리티컬 매스'(Critical Mass·임계질량·핵분열 연쇄 반응을 일으킬 수 있는 방사성 물질의 최소량)의 물이 되어 이 나라와 민족에 성령의 강물이 차고 넘치게 하라."

이제 요한복음 17장의 '예수님의 대제사장적 기도'가 우리에게 이뤄지는 것을 봅니다. 2020년 서울 코리아 개더링은 카이로스 시간에 열립니다. "우리가 하나 될 때 비로소 세상이 우리가 예수님의 제자인 것을 알게 될 것"이라는 예언이 성취되는 개더링입니다.

8. 회개

그러나 이 모든 것 이전에 한국의 가족들은 하나님 앞에서, 그리고 열방의 가족들을 향해서 무릎을 꿇고 회개하였습니다. 아시아의 가족들(홍콩 개더링)과 열방의 가족들(뮌헨, 예루살렘 개더링)에게 한국교회의 교만과 분열을 자복하고 용서를 구했습니다.

9. 영적전쟁

개더링에서 열방의 가족들이 하나 되어 하늘을 여는 예배를 드릴 때 하나님께서는 강력하게 임재하셨습니다. 이집트의 태양신이 무너졌습니다. 일본의 태양신도 무너졌습니다. 이제 70년 간 북녘 땅을 붙잡고 있는 저 태양신도 반드시, 곧 무너질 것입니다. 북녘의 태양신이 무너지도록 우리 모든 개더링 가족들은 주께 예배하며 영적 전쟁을 치를 것입니다.

10. 한중일의 하나 됨

제가 쓰러졌을 때, 셀 수 없이 많은 중국과 일본의 가족들이 간절히 중보해주셨습니다. 그래서 저는 다시 일어날 수 있었습니다. 그들의 기도 덕분에 김원철 목사님도 다시 일어나셨습니다. 부산 개더링에는 1500명의 중국 가족, 300명의 일본 가족이 함께 해주셨습니다.

오래전 "네가 북한과 일본을 싫어하고 미워하니 '예수복음'이 그곳에 들어가지 못한다"는 주님의 음성을 듣고 저는 북한과 일본을 무조건적으로 사랑하게 되었습니다.

아멘. 저는 틀리고 예수님만 옳으십니다. 저의 꿈을 추구하는 것이 아니라 하나님의 비전을 이루어 드리겠습니다. 모든 일을 행한 후에 "나는 무익한 종입니다"라고 예수님께 고백하기를 소원합니다. 주님의 거룩하고 정결한 신부로 서기 원합니다.

2020년이 시작되자마자 중국을 강타한 코로나 바이러스로 고통받는 중국 가족들을 위해 간절히 기도합니다. 저는 한국과 중국, 일본의 연합을 위해 밤낮으로 부르짖을 것입니다. 결코 멈추지 않을 것입니다. 한중일의 하나 됨은 우리 주님의 소원입니다.

11. 통일한국의 사명

통일한국의 사명은 예수 그리스도의 죽으심과 부활하심, 다시 오심을 열방에 전하는 일입니다. 예수 그리스도가 이 나라와 민족 가운데 존귀케 되는 일입니다.

하나님께서는 미국의 많은 선교사들을 불러 일으켜 조선 땅에 복음과 부흥의 씨앗을 심어 주셨습니다. 남한의 교회는 저 북녘에서 여전히 공산주의 학정 아래 핍박 받고 있는 형제자매들을 속박에서 벗어나게 하고, 다시는 종의 멍에를 지지 않게 할 사명을 갖고 있습니다. 그래서 한라에서 백두까지 자유롭게 소리 높여 하나님의 이름을 찬양하며 예배하는 통일의 열매를 맺게 할 것입니다. 이제 남한의 교회는 저 북녘의 형제자매들과 함께 복음의 능력으로 일어날 것입니다.

통일한국의 교회는 중국, 일본과 함께 인도와 중앙아시아를 지나 페르시아로 행진할 것입니다. 이스마엘과 이삭의 후예들의 하나 됨을 꿈꾸며 중동과 예루살렘까지 달려가 그들 모두를 우리 주 예수 그리스도 앞으로 인도할 것입니다. 하나님께서는 이 나라와 민족을 하나 되게 하실 뿐 아니라 '열방을 향한 제사장 나라'로 반드시 세워 주실 것입니다. 이것이 저의 소원이요, 간증입니다.

이제 우리나라만 잘 살고 영적으로 높아지려는 이기심을 버립니다. 우리 모두 하나님 아버지의 자녀들입니다. 열방의 모든 가족들이 나의 가족입니다. 가족의 기쁨과 슬픔이 나의 슬픔과

개더링을 섬기는 한국의 목회자들이 데미안 목사와 함께 했다. 오른쪽 두 번째가 황은혜 목사.

기쁨입니다. 이런 마음을 품고 온 열방에 하나님의 나라가 진격해 들어가도록 주의 길을 예비하길 원합니다.

하나님의 거룩을 사모하며 낮아지고 찢어지는 마음으로 회개합니다. 예수님을 믿으면서도 무엇을 먹을까, 무엇을 마실까 걱정하는 것이 아니라 세례 요한처럼 주님 오실 길을 여는 자 되길 원합니다. 우리 모두가 예수님이 다시 오실 길을 예비하며, 성령의 불길로 타오르고, 하나님의 통치가 이 땅에 이루어지기를 염원하는 '광야의 외치는 자의 소리'가 되길 소원합니다.

12. 2020년 서울 코리아 개더링

2020년의 서울 코리아 개더링에서 '민족의 역사에 점을 찍는 자'가 되길 원합니다. 성령의 강물이 이 땅에 흘러넘치도록 마지막 한 방울의 물이 되기를 원합니다. 다른 나라에서 열렸던 개더링을 보면서 그 나라가 살아나는 것을 목도했습니다. 서울 코리아 개더링을 통해서 우리 가정과 교회, 나라와 민족, 열방이 살아나기를 기도합니다. 자기 생각, 염려, 색깔, 경험 등 모든 것을 내려놓고, 남의 눈치 보지 않고 남을 나보다 낮게 여기며, 전 세계의 가족들과 함께 예배를 드릴 때, 한반도로부터 복음의 대로가 뚫릴 것을 믿음의 눈으로 바라봅니다. 이 새로운 시대에 누구도 밟지 못했던 새 길을 주님과 함께 믿음으로 걸어 나갑니다.

"살아계신 하나님! 이 나라와 민족이 다시 살아나게 하옵소서! 예수 그리스도 안에서 하나 된 통일한국을 주시옵소서! 열방을 향한 제사장 나라의 부르심을 이뤄드리게 해 주옵소서! 하나님! 당신께서 열어주시는 그 길을 눈감고라도 기꺼이 뛰어나가겠습니다."

이 어둡고 찢긴 우리 조국 대한민국을 살리시길 원하십니까? 이 민족이 하나 되길 원하십니까? 우리의 다음 세대에 밝은 앞날을 열어주시길 원하십니까? 남북한을 자신의 나라보다 더 사랑해서 서울에 모이는 열방의 킹덤 패밀리들과 함께 성령의 임재 가운데 천상의 예배를 드립시다. 하나님의 사랑의 메시지를 들읍시다. 하나님께서 개더링을 통해 역사하고 계십니다. 우리나라가 하나님의 통치 아래 들어가기를 간절히 소원합니다. 오직 예수 이름으로 우리나라가 살아납니다! 민족과 열방이 살아납니다!

오직 예수 이름만으로!

추천사

개더링은 정말 좋은 모임입니다. 그 모임에 참석하면 무엇보다 관계가 회복됩니다. 하나님과의 관계가 회복되며, 사람들과의 관계가 회복됩니다. 서로 화해하며 땅에서 풀면 하늘에서도 풀린다는 하나님의 말씀이 이뤄지는 귀한 모임이 바로 개더링입니다.

저는 예루살렘 개더링에 참석했을 때, 사라와 하갈의 자손들이 화해하고 하나가 되는 모습을 보고 참으로 벅찬 감동을 느꼈습니다. 그 같은 화해와 하나 됨이 지금 한국교회에 절실하게 필요합니다. 한국교회도 이제 서로 화해하며 가족의 여정을 걸어가야 합니다. 그래야 세상을 향해 제대로 복음을 전할 수 있으며 하나 됨을 외칠 수 있습니다. 아직 개더링에 대해 잘 모르시는 한국의 목회자와 성도들에게 저희 경험을 통해 말씀드립니다. 참으로 귀한 모임이니 안심하고 참석하십시오. 살아계신 하나님을 체험하십시오. 하나 됨의 여정을 걸어가십시오. 여러분 모두를 축복합니다.

최홍준 목사(호산나교회 원로 · 국제목양사역원장)

목회자인 아들이 어느 날부터 시편 133편과 요한복음 17장 말씀을 자주 거론하며 연합을 외치더니 저에게 개더링에 참석할 것을 권유했습니다. 저는 그럴 때마다 "교회를 잘 섬기고 선교하면 되지, 개더링은 무슨 개더링이냐"며 좋게 반응하지 않았습니다. 그러나 아들이 너무나 간곡히 설득하기에 몇 번 참석해보았습니다. 그런데 교회와는 달리 긴 찬양과 순서 없이 자유롭게 드려지는 예배가 생소했습니다. 그래서 아들에게 화를 내며 "무슨 이런 예배가 있냐. 이제 난 개더링에 참석 안 해!"라고 말했습니다. 그런데 그런 말을 할 때마다 창자가 뒤틀리며 식은땀이 흘러내렸습니다. 꼭 죽을 것 같았습니다. 세 번이나 개더링을 거부할 때마다 죽을 고비를 넘겨야 했습니다. '이것이 무엇일까'를 생각하지 않을 수 없었습니다.

그러다 개더링 가운데 데이빗 데미안 목사님을 만나게 되었습니다. 그분을 통해 하나님의 마음을 전달받았습니다. 그분은 제가 북한을 여는 열쇠를 가지고 있다면서 북한을 여는 열쇠는 '사랑'이라고 말씀하셨습니다. 그 말에 정신이 번쩍 들었습니다. 우리 교회는 이미 북한 선교와 이스라엘 선교를 활발히 하고 있었습니다. "사랑이 열쇠"라는 데미안 목사님의 말은 저의 마음을 꿰뚫었습니다. 이후 전심으로 개더링에 참석하게 됐습니다.

개더링은 하나 된 신부의 모임입니다. 신랑 되신 한 분 예수님을 맞이하기 위해 이 땅의 신부들은 예수님의 피로 하나 되어 거룩하게 준비되어야 합니다. 개더링은 요한복음 17장에서 예수님이 드린 하나 됨의 기도를 바탕으로 시작된 모임입니다. 그런데 돌아보니 목사인 나는 정작 아내와, 자녀와 하나 되지 못했습니다. 개더링을 통해 그것이 깨달아지며 회개의 시간을 가졌습니다. 우리 부부는 개더링 가운데 진실로 하나 되는 시간을 가졌고 자녀와도 화해하게 되었습니다.

제 마음이 혁신이 되니 하나 됨의 동심원이 넓어지기 시작했습니다. 가족의 하나 됨을 시작으로 한국 땅 속에서 지역감정으로 상처 준 곳들을 찾아가 용서를 구하며 예배를 드렸습니다. 일본을 용서했고 우리가 상처를 준 베트남 사람들을 개더링에 초청해 용서를 구하며 함께 예배드렸습니다. 저와 가족들, 교회 성도들은 하나 됨을 이뤄나가는 통로가 되기를, 함께 거룩한 신부의 길을 걷기 원합니다. 그래서 예루살렘과 온 유대와 사마리아와 땅 끝까지 이르러 주님의 증인이 되는 사도행전 1장 8절의 말씀이 이 시대에 성취되기를 간절히 바라고 있습니다.

하나님은 저를 개더링으로 이끌어주셨습니다. 개더링은 참으로 제 삶과 가정, 사역, 비전에 대한 새로운 길을 열어준 하나님의 고마운 도구였습니다. 개더링은 나와 가족, 민족, 열방을 주님께로 온전히 인도하는 좋은 모임입니다. 한국 교회 성도님들에게도 개더링을 통한 동일한 은혜가 넘치기를 기도합니다.

설진국 목사(주영광교회 담임)

개더링은 오직 성령님만이 주인이 되시는 소중한 모임입니다. 거기서는 어떠한 인간적인 생각과 계획이 없이 오직 성령님께 순복한 사람들이 믿음의 한 가족이 되어 하나님의 뜻을 구합니다. 성령님이 부른 사람들이 한 곳에 모여 그 시간과 장소에 필요한 성령님의 명령을 준행합니다. 이를 위해서는 자아의 죽음이 선행되어야 합니다. 그래야 성령님을 온전히 따를 수 있습니다. 제가 체험한 개더링은 나의 자아를 죽이고, 모든 것을 성령님께 맡기는 모임이었습니다. 그 결과는 놀랍습니다. 개더링이 열리는 곳마다 가정과 교회, 국가가 하나님의 나라로 회복되는 역사가 일어났습니다. 그 회복의 역사를 보면서 참으로 개더링에 하나님이 역사하심을 느끼고 확신할 수 있었습니다.

'선교사의 무덤'이라고 불릴 정도로 영적 토양이 척박한 일본에서도 지금 개더링을 통한 부흥의 기운이 한껏 올라오고 있습니다. 특별히 개더링을 통해 한국과 일본, 중국이 모든 상황을 뛰어넘어 한 가족이 되는 모습을 보면서 벅찬 감동을 느낍니다. 한중일은 물론 열방을 깨우는 귀한 모임인 개더링에 동참하시길 권합니다.

김일 목사(후쿠오카순복음교회 담임)

개더링에는 하나님의 가족들이 모입니다. 모든 경계를 초월해 누구든지 한 하나님 안에서 가족이 되는 참으로 귀한 모임입니다. 개더링에 참석할 때마다 우리 주 예수님의 소원인 하나 됨이 이뤄지는 모습을 보고 감격했습니다. 하나 됨은 크리스천이라면 어떤 경우에도 추구해 나아가야 할 대명제입니다. 우리가 진정으로 하나가 될 때, 세상이 주 예수 그리스도께로 돌아올 것입니다. 개더링을 통해 한국 교회 내에 참다운 믿음의 가족 공동체가 이뤄지기를 소망합니다.

김혜자 목사(영동제일교회 담임)

개더링은 아버지의 마음이 자녀에게 돌이키게 되고 자녀들의 마음이 아버지에게 돌이키게 되는, 그럼으로써 가족 됨이 풀어져 모든 사람들이 진심으로 하나가 되는 모임입니다. 이 모임은 지역과 국가, 인종, 언어, 세대를 뛰어넘습니다. 막힌 담을 허시는 예수 그리스도의 영이 충만하게 펼쳐지며 하나님의 사랑이 참석자들을 적십니다.

개더링으로 모이는 곳은 참으로 안전합니다. 주의 영의 보호하심이 있기 때문입니다. 거기서는 모든 사람들은 참 자유를 누리는 가운데 마음의 문을 활짝 열어 서로를 가족으로 받아들이며 한 하나님을 찬양합니다. 그래서 참된 연합이 이뤄집니다. 분열의 영이 만연된 이 세상에 하나 됨의 영이 풀어지는 모임이 바로 개더링입니다. 이 개더링을 통해 한반도가 복음으로 하나 될 것을 믿고 선포합니다. 개더링에서 역사하시는 하나님이 이 민족을 다시 일으키시고, 한중일과 열방의 가족들에게 부흥의 영을 부어주실 것입니다. 여러분들을 이 귀한 하나님 나라의 가족 공동체에 초청합니다.

김현미 목사(공항교회 담임)

　'동방박사 이론'은 인류의 구원자이신 아기 메시아를 만나기 위해 머나먼 동방으로부터 박사들이 별을 보고 예루살렘을 지나 베들레헴까지 가는 사건을 바탕으로 만들어진 이론입니다. 이 이론은 출신 지방이 다르고, 서로 전혀 모르는 사람들이 오로지 같은 별을 보고, 같은 동기와 목표를 가지고 출발하여, 동일한 목적지에서 서로 만나게 되었다는 '수렴이론'(Convergence Theory)이라고 할 수 있습니다.

　저와 아내는 사십 여년의 이민생활을 마무리하고 조국으로 돌아와 제주도에서 데이빗 데미안 목사님을 만나고, 개더링의 여정을 걸으며 바로 이 '동방박사 이론'이 삶에서 현실로 이뤄지는 것을 체험했습니다. 우리 부부가 항상 꿈꾸어 왔던 한 가지 소원이 있었습니다. 그것은 온 인류가 주님 안에서 한 가족을 이루는 것, 아버지와 자녀가 하나가 되는(말 4:5~6) 마지막 시대적 예언이 이뤄지는 꿈이었습니다. 그런데 그것이 우리의 눈앞에서 이루어지는 것을 보았습니다.

　개더링에 참석할 때마다 생각했습니다. '어, 이게 뭐지? 모든 열방의 참석자들이 우리 부부가 꿈꾸고 열망하는 비전과 영성을 부르짖네!' 우리는 감격했습니다. 그렇게 녹록치만 않은 인생의 여정에서 수렴적 사건같이 데이빗 데미안과 기드온 추 목사님 그리고 전 세계 개더링 가족들과 함께 하게 된 것이 얼마나 기쁜지 말로 다 표현할 수 없음이 안타까울 뿐입니다.

아기 예수가 온 인류에게 새로운 소망과 천국의 임재를 가져왔듯이, 이제는 갈라지고 흩어졌던 가족, 교회, 사회, 나라와 민족들이 그분 안에서 하나 되는 것, 그래서 그리스도 안에서 진정한 한 가족으로 회복되는 것, 그것이 다른 모든 사역과 비전을 뛰어 넘는 하나님의 부르심이며 남북통일을 이루는 지름길임을 확신합니다. '핵분열'로 엄청난 에너지를 방출하는 원자폭탄보다 '핵융합'으로 방출하는 수소폭탄의 위력이 훨씬 강하듯이, 개더링을 통해 '우리는 한 가족'이라는 하나 됨의 영성이 더욱 깨달아지고 돈독해지기를 소망합니다. 나라와 민족, 지역과 빈부의 격차를 뛰어넘어 우리 모두가 한 그리스도의 몸을 이룬다면 (엡 2:14), 그리고 그 몸이 삶속에서 풀어져 생활이 된다면, 우리 모두에게 새로운 소망의 장이 열릴 것을 확신합니다.

남과 북으로 갈라져 있는 우리 민족의 큰 아픔의 문제를 해결할 키도 바로 이 '가족 됨'에 있음을 강조하지 않을 수 없습니다. 개더링은 이를 위해 쓰임 받는 우리 주님의 탁월하신 도구라고 감히 말할 수 있습니다.

황은철 목사(아보트 할아버지학교 지도목사)
도은미 사모(레헴 가정생활연구소 소장)

어떤 인간적인 어젠다나 기획되고 준비된 프로그램도 없이 오직 하나님의 임재와 성령님의 인도하심을 구하며 하나님의 백성들이 한자리에 모여 기도하며 기다릴 때에 어떤 일들이 일어날 수 있을까요? 20여 년 전, 캐나다 빅토리아에서 고형원 송정미 등 찬양사역자들과 함께 처음 경험한 개더링 집회는 바로 그 질문에 답하는 경이로움과 아름다움으로 가득했던 천국의 잔치였습니다.

그 놀라운 예배의 한복판에서 용서와 화해의 새 역사가 이뤄지고 있었고 마지막 시대 교회의 가장 본질적 모습인 사랑 안에서 하나 된 하나님의 가족 공동체가 실제로 이뤄지고 있었습니다. 그때로부터 지금까지 개더링은 세계 곳곳에서 하나님의 백성들의 화해와 연합을 통해 교회를 새롭게 하고 세상을 변화시키는 놀라운 역사를 만들어 왔습니다. 이 개더링 집회를 통해 한국교회를 새롭게 회복시키고 다시 부흥케 할 수 있는 놀라운 비밀을 발견할 수 있게 되기를 바랍니다.

곽수광 목사(푸른나무교회 담임, 국제푸른나무 대표)

하나님은 우리를 그분의 자녀들로 부르셨습니다. 하나님은 그의 자녀 된 교회들이 가족으로 함께 서서 걸어가는 여정을 기뻐하십니다. 이 여정은 교회의 부흥이나 사역의 돌파를 위한 특별한 무브먼트가 아닙니다.

저는 지역 교회를 담임하는 목사로서 다른 교회의 목사와 비교하고 경쟁하며 성공을 향해 질주하는 삶을 살아왔습니다. 생명의 큰 위기를 만나기도 했습니다. 그러다 개더링에 참여하면서 '하나님 나라의 가족과 함께 걸어가는 법'을 배우기 시작했습니다. 그것은 전적으로 하나님의 은혜였습니다. 이제 아내와 자녀들에게, 공동체 지체들에게 저의 연약함과 어려움을 투명하게 나누는 것을 두려워하지 않게 됐습니다. 우리는 지금 한 비전을 바라보며 손잡고 걸어가는 진정한 가족이 되었습니다.

이젠 '나의 생각'이라는 틀에서 벗어나 성령님의 인도하심에 모든 것을 맡깁니다. 내 왕국을 일으키기보다 하나님의 가족을 세우길 원합니다. 이제 가르치는 사람이 아니라 진정한 아버지가 되고 싶습니다. 진심입니다. 개더링의 여정을 함께 걸으며 자신을 철저히 내려놓고 오직 하늘의 뜻만을 구하는 믿음의 가족들을 수없이 만났습니다. 그것이 개더링에 참여해서 맛볼 수 있는 큰 기쁨 가운데 하나였습니다. 그들은 말이 아니라 삶으로 저를 가르쳐줬습니다.

지금 우리는 한반도에서 새 일을 행하시는 주님의 때를 맞이했습니다. 하나님은 너무 곧고, 날카롭고, 독선적이어서 그 누구의 손에도 길들여지지 않은 야생 종마와 같았던 한국교회에게 다시 한 번 기회를 주셨습니다. 그분의 손이 지금 한반도에 임해 계십니다. 그분은 우리의 돌 같은 마음을 제하시고 그 자리에 새 영과 부드러운 마음을 부어주십니다. 지금은 주님께 응답할 결정적 시간입니다.

　이제 한국교회는 '넘버 원'(Number One)을 향해 달려가는 것이 아니라 진정한 '하나 됨'(Oneness)을 이뤄나가는데 진력해야 합니다. 그것이 이 땅에 새 것을 주시기 원하시는 하늘 아버지의 뜻이라 믿습니다. 이를 위해 개더링이 귀한 하나님의 도구가 되고 있습니다. 한국 교회 모든 분들을 마음 깊이 개더링의 여정에 초청합니다. 먼저 은혜를 입은 자로서 이 여정에서 역사하시는 하나님의 손길을 모두 함께 경험하기를 간절히 바랍니다.

김원철 목사(큰숲교회 담임)

　성경을 보십시오. 하나님께서 세상을 흔드시는 것을 보십시오. 그것을 볼 때, 우리는 지금이 마지막 때(End-Time)임을 부인할 수 없습니다. 우리는 다시 오실 예수님을 기다리는 역사상 가장 영광스러운 시대에 살고 있는 사람들입니다. 예수님은 마태복음 24장 42절에서 "깨어 있으라. 정신 바짝 차리고 예수님의 재림을 준비하라. 준비하는 자는 복이 있다"고 말씀하셨습니다. 이 책은 주님의 재림을 준비하는 한 여정인 개더링에 대해 기록하고 있습니다. 이 개더링의 여정은 이방인의 관계였던 여러 나라가 사랑으로 하나가 되어 십자가 안에서 '한 새 사람'(One New Man)이 되는 여정입니다. 이 여정에서 열방은 이스라엘과 하나가 될 것입니다.

주님이 다시 오시기 위해서는 에스겔서 43장에서 말하는 예루살렘 동쪽 끝인 한국과 중국, 일본이 하나가 되어야 합니다. 그럼으로써 이 지역에 하나님의 영광을 가져와야 합니다. 그럴 때, 한반도는 당연히 남한과 북한으로 나뉜 상태를 벗어나 통일된 하나의 코리아(One Korea)로 일어나게 될 것입니다. 개더링은 바로 이 한반도에 그 같은 하나 됨의 여정이 시작되었음을 알리고 있습니다.

이 책을 통해 하나님이 개더링을 통해서 펼치셨던 일들이 한국교회에 제대로 알려지며 이 땅의 모든 사람들이 함께 하나님이 준비해주신 여정을 걸어갈 수 있기 바랍니다. 그럼으로써 히브리어로 '하나님이 선택한 백성'이라는 뜻을 지닌 코리아(Korea)의 사명을 깨닫고 그 사명을 준행하는 이 민족과 교회되기를 기도합니다.

김이성 목사(연제로교회 담임)

홍콩 개더링에서 손을 들고 기도하는 데이빗 데미안 목사. 옆은 통역자인 셰리 찬 자매.

01
데이빗 데미안과
만나다

데이빗 데미안 목사와의 인터뷰

인터뷰어 **이태형 기록문화연구소장**

🎤 2013년에 따님과 함께 국민일보 기독교연구소를 방문하셨지요. 당시 저는 국민일보 기독교연구소장으로 있었는데요 인터뷰를 하고 국민일보에 기사를 실었습니다. 돌이켜보면 상당히 반향이 컸던 인터뷰 기사였습니다. 이후 6년 만에 다시 인터뷰를 하게 되었습니다. 6년 동안 개더링(Gathering)은 한국은 물론 중국과 일본, 이집트, 요르단 등지에서 열리면서 전 세계적으로 확산되고 있습니다. 한국에서는 부산과 제주, 광주 등지에서 크게 열렸습니다. 그 사이에 작은 규모의 개더링도 계속 열리면서 한국 교회에 어느 정도 알려지게 된 것 같습니다. 그러나 아직까지도 많은 분들이 개더링과 이 모임을 인도하는(개더링에는 별도

의 조직이 없으니 이 말이 다소 무리가 있긴 하다) 데이빗 데미안이란 분에 대해선 잘 모르는 것 같습니다. 먼저 자신을 소개해주시지요.

저는 이집트에서 태어난 이집트인입니다. 크리스천 가정에서 자랐습니다. 아시다시피 이집트의 기독교는 콥틱 정교회입니다. 현재 이집트에는 전 국민의 13%인 900여만 명 정도의 크리스천들이 있습니다. 그중 90% 이상이 콥틱 정교회 소속입니다. 이집트에서의 교회의 기원은 1세기 바울과 함께 전도했던 마가가 이집트에서 전도를 하기 시작하면서부터라고 알려져 있습니다. 콥틱 정교회는 교회사에서 잘 알려져 있는 클레멘스나 오리겐 등과 같은 유명한 교부들을 비롯한 많은 신학자를 배출한 출중한 교회입니다. 콥틱 정교회는 고대로부터 계속돼 온 기독교 교회이기에 이집트 내 많은 사람들이 속해 있긴 하지만 명목상의 크리스천들이 많습니다. 저의 부모님은 거듭난 크리스천으로 저를 비롯한 자녀들과 함께 콥틱 정교회에 다녔습니다. 우리가 다녔던 콥틱 정교회 신부님도 예수님을 믿고 거듭난 분이었습니다. 그것이 저에게는 큰 특권이었습니다. 이런 분위기 속에서 저는 어린 시절부터 하나님을 믿는 본질의 삶을 살려 노력했던 것 같습니다.

저는 이집트에서 의과대학을 나왔고 실제로 의사로 일했습니다. 계속 연구해서 심장 전문의가 되어 많은 사람들을 살리려 계획했습니다. 그러나 제 생각과 하나님의 생각은 달랐습니다. 하나님은 저를 통로로 삼은 다른 계획을 가지고 계셨습니다. 저는 하나님을 섬기기 위해 의사라는 직업을 떠난 것은 아닙니다. 사실 의사로 일하면서도 주님을 많이 섬기고 있었습니다. 하나님이 모세에게 한 "네가 선 곳은 거룩한 곳이다"라는 말씀대로 세상 속에서 전문직 직업인으로서 하나님을 섬기려는 마음이 강했습니다. 그러나 하나님은 다른 목적으로 저를 부르셨습니다. 의사로서 한창 일하고 있었을 때, 하나님은 저에게 이렇게 말씀하셨습니다. "데이빗, 내가 의사로 일하도록 부른 많은 사람이 있다. 그들 모두 나를 위해 의사로서 헌신하고 있다. 하지만 나는 너를 의사로 부르지 않았다. 나의 마음을 전파하기 위해 너를 불렀다." 저는 하나님의 그 음성에 순종하지 않을 수 없었습니다. 그 음성이 너무나 명백했었기 때문입니다. 제가 의사라는 직업을 떠난 이유는 제 삶을 통해 주님이 원하시는 그 일을 더욱 효과적이며 집중적으로 함으로써 주님의 뜻을 이루기 위함이었습니다. 그러므로 제가 의사라는 직업을 떠났던 것은 목사나 다른 누군가가 되기 위함이 아닙니다. 오직 하나님의 마음을 좇아, 그 마음 안에 무엇이 있는가를 알고, 그것을 사람들에게 전하려는 것입니다. 그 여정을 하나님과 함께 하기 위해서 제 삶의 익숙한 곳을 떠났습니다. 저는 안수를 받은 목사입니다. 예배를 인도하고 결혼식과 장례식을 인도하기도 합니다. 또한 선교사적인 사역자라고도 할 수 있습니다. 많은 지역을 다니면서 목회자 등 교회 지도자들과 함께 사역하고 있습니다.

🎙️ 이 땅에서 사람들은 굳이 구분을 지으려 합니다. 한 하나님을 믿는 교회에서도 복음주의, 은사주의, 개혁주의 등 다양한 구분이 있습니다. 데미안 목사님은 어떤 범주 속에 들어가십니까?

저는 초교파 교단의 교회에 속해 있습니다. 이집트에서는 복음주의 진영의 교회에서 사역했습니다. 거듭난 크리스천들은 사실 모두 복음주의자들이라고 할 수 있습니다. 복음주의냐 아니냐로 단순히 구분 지을 수 없지요. 제가 지금 캐나다에서 섬기는 교회는 초교파 진영에 속해 있습니다. 우리 하나님은 넓고, 높고, 깊으신 분입니다. 폭이 엄청 넓으신 분입니다. 그분은 복음주의와 개혁주의, 은사주의를 모두 품으십니다. 그분의 품은 우리가 구분 짓는 것 보다 훨씬 더 넓으시니까요. 분명한 것은 신앙적으로 저는 복음주의자입니다. 그러나 믿는 바를 행하는 데에서는 은사주의적인 측면도 있습니다. 제 마음은 늘 개혁에 대한 열망이 있습니다. 프로테스탄트적인 기질이 있습니다. 그래서 저는 개혁주의자라고도 할 수 있습니다.

🎙️ 세계적인 현상이기도 하지만 한국교회 내에는 소위 '은사주의'에 대한 부정적 시각이 강하게 있습니다. 우리가 믿는 하나님은 차이를 만들어 내는 비범한 하나님이시고 그 비범함이 우리의 믿음과 삶에서도 투영되어야 하지만 때론 믿는 자들의 미성숙함 때문에 부작용이 나타나는 것도 현실입니다. 외부적인 시각으로 봤을 때에 개더링은 복음주의 집회이면서도 은사주의적인 측면이 가미된 것 같은데요.

사실 그것은 전 세계의 모든 교회가 가지고 있는 공통된 염려 이기도 합니다. 제가 소속됐던 이집트의 교회들에서도 그런 염려들이 많이 있었습니다. 지나치게 궤도에서 이탈할지 모른다는 염려 말입니다. 저는 그것이 올바른 염려라고 생각합니다. 어떤 모임이든 이단으로 빠질 우려가 있습니다. 이단으로 빠지는 것에 대해 염려하지 않는 것은 보호하려는 마음이 없다는 말이기도 합니다. 그러므로 염려는 당연합니다.

어떤 교단과 교파에 소속되어 있건 기독교의 기초는 은혜로 구원을 얻는다는 것입니다. 이것이 진리입니다. 그러나 많은 그리스도인들이 이를 잘못 사용하거나 남용했습니다. 우리는 어디서나 그런 현상들을 보아왔습니다. 지금도 그 오용과 남용은 계속되고 있습니다. 어떤 사람들과 함께 사역하면서 그 사람들의 행동이 너무나 이상해 정말 구원 받은 것인지 의심했던 경험도 있습니다. 저는 오직 믿음으로 구원을 받는다는 사실을 분명히 믿습니다. 이것이 저의 신념입니다. 어떤 사람들을 만나더라도 그 믿음은 변치 않습니다.

성령의 은사들을 더 많이 받은 분들이 있습니다. 그들이 그 은사를 사용하게 되면 두드러집니다. 더 눈에 띄게 되지요. 그 은사들을 사용해서 주님의 높고 위대하심을 전할 수 있다면 아무 문제가 없습니다. 오히려 그것들을 사모해야지요. 그러나 인간은 약한 존재입니다. 그것으로 인한 교만에 빠질 수 있습니다. 이것을 조심해야 합니다.

이집트 문화는 서구와는 다릅니다. 서구에서는 물건을 팔기 위해 많은 광고를 합니다. 그런데 이집트에서는 그런 과도한 광고가 오히려 도움이 되지 않는 경우가 많습니다. 더 많은 광고를 하면 할수록 사람들은 "왜 이렇게 광고를 많이 하는 거지? 진짜가 아닌 것 아니야?"라고 의심을 합니다. 그래서 어떤 기독교 모임이 "정말로 강력한 은혜와 은사를 경험할 집회입니다. 이 집회에 오세요"라고 광고를 하면 사람들은 의심합니다. 사람들은 '저 모임에는 진짜 소중한 것이 없나보다'라고 생각하게 됩니다.

이 땅의 모든 교회는 주 예수 그리스도를 머리로 하고 있습니다. 또한 사도와 선지자들의 터 위에 세워졌습니다. 이것이 기초이며 저는 이를 믿습니다. 은사들이 과거에 이미 끝난 것인가, 지금도 지속되고 있는 것인가에 대해서는 다양한 의견들이 있을 수 있습니다. 또한 사도들과 선지자들에 대해 이야기 할 때에는 그들이 마치 다른 사람들보다 더 우월한 지위에 있는 것 같은 생각을 하게 됩니다. 그러나 그것이 아닙니다. 저는 그렇게 생각하지 않습니다. 사도건, 선지자들이건, 평범한 일반 신자건, 모든 믿는 사람들의 기초이자 핵심 사상은 십자가에서 고난당하고 죽으신 예수 그리스도를 믿는 신앙입니다. 그래서 누구건, 어디에 속해 있건, 어디를 가건, 고난당하신 예수 그리스도를 믿고 그것을 지니고 가는 것입니다.

예언의 영도 마찬가지입니다. 예언의 영은 결국 그리스도 그분 자체이십니다. 사도와 선지자가 교회의 기초인 것은 그들 사역의 모든 초점이 구주이시며 예언의 영이신 예수 그리스도를 가리키고 있기 때문입니다. 그런데 만약 그런 사도와 선지자가 스스로 자신들이 다른 사람들보다 더 높은 지위에 있는 것처럼 이야기한다면 결코 옳지 않습니다. 오히려 그런 직임과 은사를 받은 사람들은 주 예수 그리스도의 마음으로 다른 사람들을 섬겨야 합니다. 사도와 선지자들은 섬기는 사람들입니다. 우리는 그들의 그 같은 섬김의 부르심을 존중할 필요가 있습니다.

우리는 모두 주님 안에서 한 가족입니다. 가족으로 함께 걸어가는 이 여정에서 우리는 사도나 선지자들과 같은 용어를 사용하지 않습니다. 가족으로 함께 걸어가는데 있어 사람들이 우리를 사도나 선지자로 알게 되기를 원치도 않습니다. 우리는 하나님의 가족입니다. 개더링은 다른 어떤 것이 아닙니다. 물론 그 안에는 복음주의적 요소와 은사주의적 요소, 개혁주의적 요소가 다 들어 있을 것입니다. 그러나 개더링은 그 모든 것을 뛰어넘는 '가족의 여정'입니다. 주님 안에서 한 가족 된 우리 모두가 아버지 집으로 함께 들어가는 것, 그것이 개더링입니다.

🎙 자, 이쯤해서 개더링에 대해 궁금해지는데요. 개더링(Gathering)은 영어를 그대로 쓴 단어로 문자 그대로는 '특정 목적을 위한 모임'정도로 해석됩니다. 개더링이 무엇인지 말씀해주시지요.

저도 사실 모든 것을 이해하지 못하고 있다는 느낌입니다. 모임은 모임인데 아주 포괄적인 개념입니다. 저를 포함하는 열방의 가족 모두가 지금 어린아이와 같이 주님을 따라가면서 '개더링'이 무엇인지 발견해가는 과정 중에 있습니다. 개더링으로 함께 모이는 이유는 저명한 강사의 강의를 듣기 위함도, 하늘로부터 엄청난 무언가를 받기 위함도 아닙니다. 가족으로 함께 모여 하늘 아버지 집을 찾아가기 위함입니다. 함께 주 하나님께 예배드리는 가운데 하나님이 우리에게 하시는 말씀을 듣고, 그분이 원하시는 것을 하기 위해 모이는 것(개더링)입니다.

물론 이 땅 그리스도의 몸 안에서는 하나님께서 리더로 지명하신 분들의 섬김을 통해 주님의 몸 된 교회를 더 견고하게 세우고 서로 격려 받기 위한 모임도 있습니다. 저도 그런 것들을 좋아합니다. 그런데 개더링은 기존의 기독교 모임과는 성격이 다릅니다. 하나님께서는 당신의 가족들을 불러 모아 뭔가를 말씀하시고, 뭔가를 하시기 원하십니다. 마치 일반 가족에서 아버지가 자녀를 불러 뭔가를 말하면서 "이러이러한 것을 행하라"고 하는 것과 같습니다. 마찬가지로 가족 된 우리는 함께 모여 하늘 아버지 말씀을 주의 깊게 듣고 그분이 원하시는 것을 하게 됩니다. 그것을 위한 모임이 바로 개더링입니다.

이 개더링이라는 이름은 성경 스가랴 10장 8절에서 나온 것입니다. "내가 그들을 향하여 휘파람을 불어 그들을 모을 것은 내가 그들을 구속하였음이라. 그들이 전에 번성하던 것 같이 번성하리라." 바로 이 구절 속 '내가 그들을 향하여 휘파람을 불어 그들을 모을 것'이라는 말씀에서 개더링이라는 이름이 왔습니다.

이 땅에는 그리스도를 믿는 믿음 안에서 함께 모이는 아버지들과 어머니들이 있습니다. 아버지와 어머니는 어떠한 세상적인 타이틀이 아니라 그리스도의 몸 안에서 신뢰할 수 있는 분들을 말합니다. 육신의 아버지와 어머니만이 아니라 주님께서 원하시는 것들을 이루기 위해 함께 섬기면서 기도하는 믿음 안에서의 아버지들과 어머니들이 있습니다. 그들이 참다운 리더들입니다. 그들은 자신들만의 목적을 갖고 자신들이 뭔가를 다 하기 위해 모이는 사람들이 아닙니다. 그들은 아버지요 어머니라는 사실을 주목하시기 바랍니다. 아버지와 어머니들은 자녀들과 경쟁하지 않지요. 자녀들을 자신들의 목적을 위해 활용하지도 않습니다. 자녀들이 자신들보다 더 능가하는 사람이 되는 것을 시기하지 않고 마음 깊은 곳에서 기뻐하는 사람들이 바로 아버지와 어머니입니다. 개더링에는 이런 주님 안에서 하나 된 아버지와 어머니, 그리고 자녀들이 함께 모입니다. 이들은 주님이 원하시는 것을 그저 듣는 것만이 아니라 몸으로 함께 행해 나가고 있습니다.

개더링에는 별도의 리더들이 없습니다. 개더링의 기름 부으심은 두세 사람의 리더를 통해 오는 것이 아니라 주의 음성을 듣고 함께 모이는 모든 사람을 통해서 오게 됩니다. 강사를 중심으로 모인 것이 아니라 주님의 부르심을 듣고 순종함으로 모인 사람들이기에 주의 기름 부으심이 한 분 한 분의 순종함을 통해서 모임 안에 나타나게 됩니다.

제가 보기에 개더링에 참여하는 분들 중에 적어도 60% 정도는 모임을 통해 무언가를 받기 위해 오는 사람들이 아니라 순전히 함께 모여 주님을 예배하고 주님이 말씀하시는 것을 듣고 순종하기 위한 마음으로 오는 사람들입니다.

그래서 개더링으로 모이기 시작한 처음부터 주님께서는 계속해서 우리로 하여금 자신들의 계획을 내려놓고 또 내려놓고 당신께 순종할 수 있도록 인도해 주셨습니다. 이것이 바로 개더링에서의 훈련 과정입니다. 그러면서 사람들이 성숙하게 되는 모습을 보게 됩니다. 그렇습니다. 개더링을 통해서 사람들이 확실히 성숙해졌습니다. 개더링에는 소위 한 나라를 책임지는 세계적인 교회 지도자들이 적지 않게 참여합니다. 이들은 정말 바쁘고 귀한 사역을 하는 분들이지만 자신들의 계획을 펼치기 위해 개더링에 오지 않습니다. 오히려 자신들의 어젠다를 내려놓고 주님이 원하시는 것을 듣고 행하고자 합니다. 그러다 보니 각자의 삶과 사역, 공동체에 변화가 일어납니다. 온전히 주님의 음성을 듣고 그분의 뜻을 행하고자 하는 열망이야말로 개더링의 가장 큰 힘입니다.

지도자들뿐 아니라 개더링에 참여하는 무명의 사람들 모두가 그런 열망을 갖고 있습니다. 그러기에 자신들과는 전혀 상관없는 국가들에서 행해지는 개더링에도 사람들은 기쁜 마음으로 참여하게 되는 것이지요. 홍콩 개더링에 중국인들만이 아니라 수많은 한국과 일본의 크리스천들이 참여하며, 한국에서 열리는 개더링에도 중국과 일본 크리스천들이 다수 참여합니다. 일본 개더링에서도 마찬가지로 한국과 중국의 크리스천들이 함께 섭니다. 생각해보십시오. 그렇게 하는데 얼마나 많은 재정과 시간 등의 희생이 필요하겠습니까? 주님의 음성을 듣고 그분의 뜻을 행하고자 하는 열망이 없다면 그런 일은 일어날 수 없습니다. 이러한 희생들이 정말 주님의 마음을 기쁘시게 해드립니다. 아버지에게 가장 기쁜 순간은 언제일까요? 바로 당신의 자녀들이 어떤 경우에도 함께 서 나가는 것이 아니겠습니까. 이런 가족 간의 연합을 보시고 주님이 일하십니다. 주님은 온 땅의 주인이시기에 우리에게 불가능해 보이는 일도 거뜬히 행하십니다. 그래서 우리는 개더링을 통한 주님의 역사를 보면서 많이 놀랐습니다. 정말 우리 주님은 놀라우신 하나님이십니다.

🎙 이제 개더링이 무엇이라는 것이 다가옵니다. 그럼 데미안 목사님은 어떻게 그런 개더링을 시작할 마음을 갖게 되었습니까? 개더링을 하게 된 동기라고 할까요.

저희가 개더링이란 모임을 시작했던 이유는 그리스도의 몸 된 교회의 궁극적인 목적은 다름 아닌 우리가 '주님께서 거하시는 처소'(God's Dwelling Place)로 준비되는 것이라는 감동이

있었기 때문입니다. 피조물
된 인간의 가장 큰 기쁨은 주
님이 내 안에 들어와 계시는
것입니다. 잠시 방문하고 떠
나시는 것이 아니라 아예 거
처를 내 안에, 우리 안에 두
시는 것입니다. 그러기 위해
서는 우리에게 주님이 거하
실 처소가 있어야 합니다. 우
리는 이런 소망을 갖고 주님
의 몸 된 교회들이 함께 모여

캐나다 의사인 루스 사모와 함께 한 데미안 목사

경배하며, 주님의 음성을 듣고, 주님이 원하시는 것은 무엇이든
지 우리를 통해 이뤄가시도록 거룩한 모임을 하려 했습니다. 그
것이 개더링을 시작하게 된·동기였습니다.

시편 132편에는 주님이 거하시는 처소(장막)를 발견하기까지
는 잠도 자지 않고 먹지도 않겠다는 다윗의 결심이 나옵니다.

"여호와여 다윗을 위하여 그의 모든 겸손을 기억하소서. 그가 여호와께
맹세하며 야곱의 전능자에게 서원하기를 내가 내 장막 집에 들어가지 아
니하며 내 침상에 오르지 아니하고 내 눈으로 잠들게 하지 아니하며 내
눈꺼풀로 졸게 하지 아니하기를 여호와의 처소 곧 야곱의 전능자의 성막
을 발견하기까지 하리라 하였나이다."(시 132:1~5)

이 말씀이 우리에게 주어진 주제 말씀 중의 하나였습니다. 물론 다윗의 때에는 계속해서 주님 앞에 드려지는 예배가 있었습니다. 그러나 다윗은 그것으로 만족할 수 없었습니다. 다윗은 종교적인 의식이 아니라 '주님이 거하실 처소'를 발견하고자 했습니다. 다윗은 주님이 자신과 함께 거하신다면 만사가 형통되며 모든 것이 새로워진다는 사실을 잘 알고 있었습니다. 왜냐하면 주 하나님은 창조주시며 인간과는 상대가 되지 않을 정도로 크신 분이기 때문입니다. 우리에게도 다윗과 같은 소망이 있었습니다.

우리는 처음 개더링을 시작했을 때, 이렇게 오래 지속하리라고는 생각하지 못했습니다. 그저 한두 번 정도의 모임을 통해 주님을 경배하고 그분이 원하시는 일을 하면 되리라 여겼습니다. 그러나 개더링은 점점 더 확산이 되어갔고, 지금은 우리가 처음 생각한 것과는 정말 다른 차원으로 진행되고 있습니다.

그렇게 함께 모여 예배를 드리고 우리 마음을 주님께 열기 시작했을 때, 주님은 그토록 원하시는 당신의 처소를 우리가 세우지 못하는 이유와 장애물들을 보여주시기 시작했습니다. 개인 안에 있는 장애물뿐만 아니라 지역과 민족 안에 있는 장애물들이 보였습니다. 우리 가운데 있는 용서하지 못하는 마음들, 역사적으로 있었던 많은 사건으로 인한 쓴 뿌리 등 여러 장애물들을 보게 하셨습니다.

그런 장애물들을 보면서 '이런 가운데 어떻게 주님이 거하실 처소, 즉 그리스도의 몸으로 준비될 수 있을까'를 생각하며 개더링을 진행해 왔습니다. 우리가 깨달은 것은 하나님은 이 변화를 위해 한 나라뿐만 아니라 열방 안에 가져올 '크리티컬 매스'에 해당하는 사람들을 불러 모으길 원하신다는 것입니다.

그런데 여기에는 한 가지 중요한 것이 있습니다. 캐나다에서 처음 개더링이 열렸습니다. 캐나다는 처음으로 우리가 마음에 둔 개더링이 테스트되는 실험실과 같았습니다. 우리는 그것을 '하나님의 실험'이라고 불렀습니다. 이 실험에는 중요한 조건들이 있습니다. 임계질량에 해당하는 숫자가 자신들의 계획을 내려놓고 모이는 것, 그들이 전적으로 하나님의 얼굴을 구하고 주의 음성을 듣는 것, 그들이 서로를 진심으로 사랑하는 것 그리고 결국 주님이 원하시는 일을 행하는 것입니다. 이런 조건들이 맞아 떨어질 때에 한 나라는 변화될 수 있습니다. 이런 것들은 교회사 속에서 나타났던 위대한 부흥의 조건들이라고 할 수 있습니다.

캐나다에서 우리가 지닌 영적 원리들이 실제로 작용된다는 사실을 경험했습니다. 몇 년간 캐나다에서 개더링을 하면서 캐나다가 변화되는 것을 보게 되었습니다. 그 기간 동안 정부가 건강하게 바뀌었습니다. 3%에 불과하던 정부 내의 거듭난 크리스천들이 43%로 증가했습니다. 경제의 체질도 강하게 변화되었습니다. 2008년도에 미국의 서브프라임 모기지 사태로 인해 전 세계 주식시장이 붕괴하며 경제적 위기가 발생했을 때, 캐나다

는 전 세계에서 가장 경제적으로 안정적인 세 나라 가운데 하나
였습니다. 또한 캐나다 정부는 과거 그릇되게 행해졌던 역사적
실수들을 다시 한 번 살피고 돌아보는 시간을 가졌습니다. 예를
들어 개더링에서 하나님의 감동으로 캐나다 성도들이 중국 성
도들에게 과거 캐나다가 그들에게 행했던 역사적 과오들을 사
과하고 회개하는 시간을 가졌습니다.

그렇게 하고 두세 달쯤 지났을 때, 캐나다 정부가 캐나다 내
중국인들에게 과거의 잘못을 공식적으로 사과하는 일이 일어났
습니다. 영적인 것이 먼저 일어나고, 이후 실재적인 것이 진행된
것이지요. 이뿐 아니라 그리스도인들끼리는 물론 교회간의 연합
도 극적으로 이뤄졌으며 많은 사람들이 주님을 믿게 되었습니
다. 개더링을 시작하고 10년 가까이 이런 영적·사회적 변화들을
보았습니다.

그러나 이런 연합을 우리의 대적인 사탄이 그저 손 놓고 보고
만 있을 리 없습니다. 우리 사이에 원수가 끼어들어 왔습니다.
앞장서서 개더링에 참여한 사람들 사이에 분열이 일어났습니다.
그 일로 인해 많은 어려움이 생겼지만 우리는 이겨냈습니다. 그
런 과정 속에서 우리는 캐나다에서 실험했던 우리의 영적 원리
들이 맞는다는 사실을 확인했습니다. 우리의 영적 원리가 실재
로 이어질 수 있다는 사실을 확신하며 모든 어려움을 이겨나갈
때, 결국 한 나라가 변화될 수 있다는 사실을 말입니다.

저는 의사로서 검증되지 않은 처방전을 환자들에게 주지 않

습니다. 캐나다에서 실행했던 실험이 검증된 진리가 될 수 있다는 사실을 알게 된 이후 우리는 믿음으로 중국으로 갔습니다. 물론 같은 실험을 하기 위해서죠. 캐나다와 마찬가지로 중국에서 또다시 변화가 시작되었습니다. 그러면서 이 변화의 힘이 한국으로, 일본으로 흘러갔습니다. 처음에 우리가 생각하지도 못했던 나라들에까지 개더링의 영향력이 흘러 들어가는 것을 목도하면서 이것이 우리의 뜻과 의지가 아니라 하나님께서 친히 행해 나가시는 것이라는 사실을 인정하게 되었습니다. 지금 하나님께서는 중국 사람들, 일본 사람들, 한국 사람들, 열방의 사람들을 조각조각 취하셔서 함께 맞추어가고 계십니다. 그러면서 전 세계에서 하나님의 가족들이 하늘 아버지가 원하시는 변화들을 이끌어 가도록 인도하고 계십니다. 결국 개더링은 하늘 아버지께서 주도하시는 영적 운동입니다.

🎙 2013년 홍콩의 아시안컨벤션센터에서 열린 개더링에 처음 참석했을 때, 중국 대륙에서 어마어마한 수의 중국 크리스천들이 참석한 것을 보고 깜짝 놀랐습니다. 어떻게 저들이 그리 많이 홍콩에 올 수 있는지 신기할 따름이었습니다. 그들 가운데 많은 이들이 그야말로 집 팔고, 논 팔아 홍콩까지 오는 재정을 마련했다고 들었습니다. 어떻게 그런 집회가 가능했지요?

오직 하나님만이 아시지요. 어떻게 그런 일이 가능했는지는.

🎙 물론 그랬겠지만 그렇게만 대답하시면 이 인터뷰는 더 이상 진행될 수 없습니다. 조금 구체적으로 이야기 해주시지요.(웃음)

　그때 하나님이 우리에게 무엇을 말씀하셨는가에 대해서는 답변 드릴 수 있습니다. 하지만 어떻게 1만 5천 명에 달하는 사람들이 모일 수 있었는지에 대해서는 대답을 할 수 없습니다. 우리에게도 상상을 초월한 모임이었으니까요. 그야말로 놀라운 개더링이 됐습니다.

　캐나다에서 개더링이 열린 이후에 두 분이 저를 찾아오셨습니다. 그 가운데 한 분은 전 세계에서 상당히 유명한 사역 단체의 리더였습니다. 이분이 저에게 이런 질문을 해왔습니다. "아니 어떻게 수직적이면서 수평적으로 그러한 일을 동시에 캐나다에서 하실 수 있었습니까?" 그 분이 수직적이라고 한 것은 당시 캐나다 개더링에 임한 하나님의 임재가 너무나 강해 사람들의 삶이 변화되지 않을 수 없었기 때문입니다. 우리는 사람들이 하나님과의 수직적 관계를 제대로 정렬시켰을 때에 나오는 변화를 경험했습니다. 수평적이라는 뜻은 캐나다 안에 있는 각 민족들이 서로 간에 화해와 용서를 하며 새로운 차원의 관계로 들어간 것입니다. 실제로 각 민족들은 서로의 변화된 모습에 영향을 받고 변화의 도미노현상을 겪었습니다. 그러면서 이들 사이의 역사가 다시 쓰였습니다. 질문을 던진 이분의 경험으로는 대부분 수직적 관계에 집중하다보면 수평적 관계에서 약점이 노출됐습

영적 열기가 뜨거운 홍콩 개더링 집회 모습.

니다. 하나님과의 수직적 관계에 집중하다 보면 사람들과의 수평적 관계를 놓칠 수 있고, 반대로 사람들과의 관계를 집중하다 보면 하나님과의 관계를 놓칠 수가 있는데 말입니다.

그래서 제가 그 질문을 바꿔서 나 자신에게 물어보았습니다. '어떻게 그런 일이 가능했었던가?' 저는 질문에 대한 답변을 찾아 그분에게 적어 보내드렸습니다. "그때 우리가 했던 것은 '디폴트'(default·채무불이행) 상태로 들어간 것입니다. 우리로서는 아무것도 할 수 없다는 전적 항복의 자세를 취했습니다. 우리는 스스로 무언가를 계획하는 일을 멈췄습니다. 왜냐하면 우리는 완전히 디폴트 상태였기 때문입니다. 실제로 그렇다는 것이 아니라 그런 자세를 취했습니다. 그저 우리는 하나님의 음성을 들으려 우리의 모든 안테나 주파수를 그분께 맞췄습니다. 그리고 하나님이 말씀하시는 것들을 그대로 행했습니다. 그런데 놀랍게도 그러했을 때 돌파가 일어났습니다. 기적과 같았지요."

부흥이나 돌파가 일어나면 사람들은 그에 따른 적합한 '레시피'(recipe·조리법)를 알고 싶어 합니다. 우리의 레시피를 알려드릴 수 있습니다. 간단합니다. 먼저 사람들을 모읍니다. 그리고 우리들의 계획들은 내려놓습니다. 오직 하나님의 얼굴만을 구하고 하나님의 음성을 듣습니다. 그분이 우리에게 주신 제일 계명대로 서로 사랑하는 것입니다. 하나님이 무엇을 말씀하시든 그대로 하면 됩니다. 그러면 주님의 때에 주님의 방법대로 돌파를 경험하게 됩니다.

저에게 질문한 분과 함께 온 분은 우리에게 조지 오티스 주니어가 제작한 '트랜스포메이션'(변혁)이라는 비디오를 전해주었고 우리는 함께 보았습니다. 콜롬비아의 칼리(Cali)시에서 일어난 놀라운 변혁의 모습을 담은 훌륭한 비디오입니다. 이들은 칼리에서 일어난 일들이 개더링이 열린 캐나다에서도 일어났다고 말했습니다. 그러면서 저에게 이렇게 또다시 질문했습니다. "당신들은 캐나다에서 이렇게 놀라운 일들을 해 오셨습니다. 도대체 어떻게 사람들이 이런 일들이 일어나고 있다는 것을 인식하지 못하는 가운데 지속적으로 이 일을 하실 수 있었나요?" 그래서 제가 답변했습니다.

"우리가 날마다 해온 기도가 있습니다. 2H로 시작합니다. 'Hidden'(우리를 감춰주십시오)과 'Humble'(우리를 겸손케 해 주십시오)입니다. 매일 우리는 겸손하고 감춰달라고 기도했습니다. 사람들은 '겸손하게 해달라'는 간구는 이해할 수 있어도 '감 춰 달라'는 것에 대해서는 잘 이해하지 못합니다. 우리는 이름 없이, 빛도 없이 행해나가길 원했습니다. 그래서 늘 '우리를 감 춰주세요'라고 기도했습니다. 왜냐하면 지금의 현대 교회 안에 는 상업적으로, 마치 홍보 광고를 하듯이 널리 알리려는 경영학 적인 사고방식이 있기 때문입니다. 일단 알려지기 시작하면 돈 이 모이기 시작합니다. 알려진 사람들은 모든 집회에 강사로 섭 외 받으며 더 많은 사람들이 그 메시지를 들으러 모입니다. 많은 무리들이 주는 압박이 있습니다. 자연히 무리들을 염두에 둘 수 밖에 없습니다. 그러면 주님은 점점 곁가지로 밀려나게 됩니다. 우리가 그러면 주님 역시 우리를 옆으로 치워버리시겠지요. 그 러면 끝납니다. 주님과의 관계도 끝나고, 점차 모임에 초대받는 횟수도 줄어들게 됩니다.

사람들은 정확히 알고 있지요. 영광의 임재로 가득한 사람과 영광이 떠나버린 비참한 사람을요. 교회들은 자신들의 이득을 위해 리더들을 사용했기 때문에 더 이상 이득이 없다고 느껴지 면 가차 없이 외면합니다. 이런 일들이 현대 교회에서는 반복되 고 있습니다. 지금도 여러분 주변의 교회에서 일어나고 있는 일 이 아닙니까? 그래서 우리는 매일 기도합니다. '우리를 감춰주십시오'라고요. 대신 가족이 되어 함께 걸어갈 수 있는 사람들에게만 나타나게 해달라고 기도합니다. 또한 매일 겸손케 해 달라고 기도하는 이유는 나 자신이 두렵기 때문입니다. 일단 영적 돌파를 경험하게 되면 영적 교만이 생기기 쉽습니다. 자칫 잘못하면 이렇게 생각하게 됩니다. '아, 하나님은 나를 필요로 하시는구나'라고요."

이분들은 제 이야기를 들으며 울기 시작했습니다. 그들은 저에게 이렇게 이야기했습니다. "지금 저희에게 무슨 일이 일어났는지 아세요?" "네? 저는 잘 모르겠는데요." 그러자 그들은 이렇게 말했습니다.

"주님께서 우리 가운데 역사하기 시작하셨을 때가 있었습니다. 사실 그 일은 계획 없이 일어났던 일들이었습니다. 우리 모임의 리더가 있었습니다. 그분이 우리를 불러 모았습니다. 그런데 지속할 수 없었습니다. 왜냐하면 그분이 비참하게 죽임을 당했기 때문입니다. 그분의 장례식에서 우리가 이야기했습니다. '이제, 우리가 한번 같이 모여보자.' 우리는 함께 모였습니다. 갑자기 하나님께서 움직이기 시작하셨습니다. 수많은 사람들이 우리와 함께 모였고 성결을 향한 운동이 시작됐습니다. 그것은 전혀 우리의 계획이 아니었습니다. 그러고 나서는 뉴스가 퍼져나갔죠. 수많은 기자들이 찾아왔고, 칼리 시에서 일어난 트랜스포메이션에 대해서 리포트하기 시작했습니다. 그런데 그때 우리는 충분히 성숙하지 못했습니다. 우리 가운데 다툼이 일어났습니다. 서로 '이 변혁 운동의 대변인은 누구인가?'에 대해서 다퉜습니다. 모든 사람들이 칼리 시의 변혁을 다룬 영상에 출연하고 싶어 했습니다. 그러고 시간이 흘렀습니다. 한때 트랜스포메이션의 대명사였던 콜롬비아 칼리 시에 대해 지금 이야기 하는 사람은 거의 없습니다. 물론 듣는 사람도 없지요. 영광이 떠난 것입니다. 당신과 당신의 가족들이 하셨던 그 두 기도, '우리를 감춰 주십시오'와 '우리를 겸손케 해주십시오'라는 기도가 여러분을 얼마나 보호해 왔는지 모르실 겁니다."

결국 겸손과 감춰짐이 너무나 중요합니다. 여전히 우리는 감춰져 있습니다. 이제 이 개더링 무브먼트가 성숙해져 서로서로 삶에 대해 마음을 열고 이야기할 수 있는 사람들이 조금 더 생겼죠. 사실 어느 누구도 완벽하지 않습니다. 그래서 서로의 도움이 필요합니다. 우리는 잘못한 것이 있을 때 서로 바로 잡아주며 함께 걸어갔습니다. 그러다보니 과거보다는 조금 더 눈에 띄게 됐습니다. 솔직히 개더링에 얼마나 많은 사람이 모이느냐는 전혀 저의 관심 사항이 아닙니다. 저는 사람이 있으면 있는 대로, 없으면 없는 대로 계속해서 사람들을 개더링(모을) 할 것입니다. 사람들이 모이면 모두 함께 주님의 음성을 듣고, 주님의 얼굴을 구하며, 주님께 순종해 나갈 것입니다. 홍콩의 개더링에 참여한

그렇게 많은 사람들은 홍보에 의해서 모이지 않았습니다. '겸손'과 '감춰짐'을 위해 매일 기도하며 주의 뜻을 구했을 때, 동일한 마음을 지닌 사람들이 자발적으로 모이게 된 것입니다. 각론은 길지만 총론은 간단합니다. 주님이 하셨습니다.

개더링 모임 가운데 울먹이는 데미안 목사

🎤 어떻게 중국에 대한 마음을 지니게 되었습니까?

전 지구상에서 중국 사람들만큼 분열된 민족은 없습니다. 저도 왜 그렇게 되었는지 잘 모릅니다. 문화혁명을 겪으면서 중국인들은 서로를 신뢰하지 못한 채 깨어진 상태로 있었습니다. 그 깨어짐의 상처가 너무나 깊었습니다. 문화혁명 시기에는 남편이 아내를, 아내가 남편을, 자녀가 부모를 의심하며 신뢰하지 못했습니다. 그렇게까지 심각한 모습을 저는 아직까지 보지 못했습니다. 그런데 우리는 중국인들이 지닌 엄청난 영적 잠재력을 느끼기 시작했습니다. 우리가 캐나다를 넘어 중국인들 가운데에서 개더링의 여정을 시작할 때, 주님은 우리에게 이렇게 말씀하셨습니다.

"내가 이 사람들(중국인들)을 예루살렘을 향해 나아가도록 불렀다. 이것은 열방을 향한 깊은 부르심이다. 또한 이스마엘의 후손들과 이삭의 후손들을 향한 깊은 부르심이다."

그리고 주님은 또 이렇게도 말씀하셨습니다.

"내가 중국 사람들에게 그런 부르심이 있다고 당장 사명의 길로 풀어 보낸다면, 그 길로 가는 도중에 서로를 심각하게 해치게 될 것이다."

나는 주님의 그 말을 금방 이해했습니다. 분명 중국 민족에게는 하나님이 말씀하신 사명이 있습니다. 반드시 하나님은 중국 민족들을 자신의 뜻대로 사용하실 것입니다. 그러나 아직 충분히 성숙하지 않은 가운에 그들이 사명의 길을 간다면 각 사람들은 스스로 '아 나는 하나님께 부름 받은 바로 그 사람이야'라고 생각하며 교만하게 될 것입니다. 그렇게만 생각하면 다행이지만 다른 사람에 대해 '저들은 이단이야'라며 정죄하고 배제할 것이 분명했습니다. 그들은 이전부터 자신이 믿은 믿음과 다른 사람들을 쉽게 이단으로 정죄했기 때문입니다. 주님이 이렇게 저에게 말씀하셨습니다.

"나는 너에게 한 가지를 원한다. 나를 위해 중국 사람들 안에서 가족을 만들어 그들을 내게 다오."

제가 주님께 말씀드렸습니다.

"주님, 그것은 불가능합니다. 자기들끼리 서로 전혀 신뢰하지 못하는 사람들입니다. 어떻게 저들 안에서 가족이 이뤄질지 저는 도저히 모르겠습니다."

그때 주님이 이렇게 말씀하셨습니다.

"내 전략을 알려주겠다. 일단 그들을 함께 불러 모아라. 내가 그들 가운데 들어가 직접 변화시키겠다."

"아니 주님, 제가 중국 사람들을 부른다 한들 그 사람들이 왜 저에게 오겠습니까?"

그러자 주님이 말씀하셨습니다.

"그냥 불러 모으기만 해라. 얼마나 오는지는 너의 책임이 아니다."

저는 주님의 명령에 순종할 수밖에 없었습니다. 주님의 명령대로 우리는 중국인들을 모았습니다. 2006년과 2007년에 중국에서 100~120명 정도가 모였습니다. 비록 큰 수는 아니었지만 한 사람 한 사람이 중요한 인물들이었습니다. 그들은 각각 많게는 수백만 명의 멤버가 있는 가성교회 지도자들이었습니다. 어떻게 이런 분들이 모일 수 있었는지 모르겠습니다. 그런데 이들은 함께 모였을 때 서로 충격을 받았습니다. 왜냐하면 처음으로 만나는 사람들이 많았는데 서로를 보면서 '어, 저 사람은 이단인데…'라고 생각했기 때문입니다.

일단 모였지만 무엇을 해야 할지 몰랐습니다. 그래서 물었습니다. "이제 우리는 어떻게 해야 하지요?" 답은 간단했습니다. "나를 예배하거라."

우리는 그때 부드러운 마음으로 주님 앞에 나아가는 예배를 드렸습니다. 비전을 던지며 "중국 땅을 우리에게 주시옵소서"라고 외치는 강력한 돌파의 예배가 아니었습니다. 그저 주님의 얼굴을 구하며 그분의 임재만을 추구했습니다. 그때 우리는 하나님의 영광의 임재를 경험했습니다. 그것은 우리가 계획하며 쥐어 짜낼 수 있는 어떤 것이 아니었습니다. 사람들이 울기 시작했습니다. 수십만, 수백만 명의 중국내 크리스천들을 이끄는 리더들이 울음을 터트렸습니다. 그들은 눈물 가운데 서로를 바라보았습니다. 이들은 눈물 가운데 무언가 아주 중요한 것을 느꼈습니다. 이들은 이렇게 생각한 것 같았습니다. '아, 내가 사랑하는 하나님을 이들도 뜨겁게 사랑하는구나.' 사랑은 우리를 하나가 되게 만듭니다. 하나님의 압도하는 임재 가운데 사람들의 마음은 뜨거워졌습니다. 더 이상 이들 가운데 나뉨은 없었습니다. 서로가 서로를 껴안았습니다. 한마디의 말이나 가르침, 설교도 없었습니다. 그저 하나님의 임재 안에서 서로를 껴안고 서로의 어깨에 기대어 울기 시작했습니다. 그리고 이렇게 말했습니다. "미안합니다. 내가 당신을 판단하고 정죄했었어요. 용서해주세요." 사람들은 그렇게 서로에게 다가가기 시작했습니다. 이윽고 그 자리에 있던 젊은 중국 크리스천 리더들이 그곳에 있는 나이가 더 많은 리더들에게 다가가 마음 깊이 존경을 표현했습니다. 그들은 3시간 동안이나 자신들의 마음에 있는 존경을 표현했습니다. 점심 식사를 마치고 나서도 계속해서 그들은 존경을 표현했습니다. 저녁 식사를 마치고 돌아와서도 계속해서 존경을 표했습니다. 5번의 세션 내내 그들은 사랑의 눈으로 서로를 바라보

앉으며 서로를 향해 존경의 마음을 전했습니다. 그 자리는 진정 '존중의 문화'가 펼쳐 흐르는 위대한 장소가 되었습니다.

그러자 이제는 중국의 가정 교회 지도자 중 가장 높은 위치에 있는 5명의 리더들이 울기 시작했습니다. 그들은 한 목소리로 고백했습니다. "우리 평생에 이런 존경을 받아본 적이 없었어요." 그러면서 그 5명 가운데 중년의 한 리더가 자신보다 더 나이가 많은 리더를 껴안더니 울면서 "나의 아버지, 나의 아버지"라고 고백했습니다. 놀라운 자리였습니다. 이들은 이렇게 가족이 되어갔습니다. 그 5명의 리더 중 한 명이 며칠 후 이렇게 말했습니다. "우리 중국의 가정 교회는 지금까지 군대를 키워왔습니다. 우리는 정부를 두려워하지 않았고 감옥에도 기쁘게 갈 수 있었습니다. 어떤 것도 할 수 있는 강한 군대였습니다. 그러나 가족을 세우지는 않았습니다. 솔직히 어떻게 가족이 되는지를 몰랐습니다."

2012년도 홍콩에서의 개더링을 앞두고 이분들이 또 한 번 모였습니다. 그때 이들이 말했습니다. "이제부터 더 이상 중국 교회는 5개의 가정교회 그룹으로 나뉘지 않을 겁니다." 그러면서 그들은 자신들의 깃발을 모두 내려놓았습니다. 그러면서 고백했습니다. "이제 가족이 되고 싶습니다. 어떻게 가족이 되는지를 배우고 싶다고요."

흥미로웠던 점은 당시 서구 교회가 중국 교회에 건네줄 열쇠를 준비했습니다. 일종의 계시적인 차원의 행동인데 2012년 홍콩 개더링에서 서구 교회 리더들이 열쇠를 하나 된 중국 교회 리더들에게 건네주었습니다. 2010년과 2011년, 2012년의 개더링에 참석하면서 중국의 가족들은 그리스도의 몸 안에서 점점 더 큰 영향력을 발휘하기 시작했습니다. 중국 교회의 비상이 눈에 뚜렷하게 보일 정도였습니다.

🎙 2013년 홍콩 개더링에 참석해서 중국 교회의 놀라운 모습을 보았습니다. 중국이란 나라와 중국 교회의 잠재력을 생각하면 앞으로 전 세계 기독교를 이끌 국가는 중국일 가능성이 크다는 생각을 했습니다. 엄청난 중국 교회의 가능성을 목도하고 하나님의 역사에 감사하면서도 솔직히 '그러면 한국은 어떻게 되는 것이지?'라는 마음도 들었습니다. 한국에서도 지금 개더링은 점점 더 확산되고 있습니다. '가족의 여정'을 걷고 있는 교회와 성도들도 늘어나고 있고요. 캐나다와 중국을 거쳐 한국에서 개더링이 열렸습니다. 한국과 한국 교회에 대해서는 어떤 생각이 있었습니까?

한국은 다른 나라들과 다릅니다. 한국만이 지니고 있는 것이 있습니다. 한국의 힘은 엄청납니다. 하나님이 저에게 한국에 대해서 보여주셨던 이미지는 '강함'이었습니다. 제게 한국의 이미지는 세상에서 가장 뛰어난 종마(種馬)와 같았습니다. 하나님은 저에게 이렇게 말씀하셨습니다. "이 세상에서 한국과 싱가포르는 탁월한 종마와 같다. 이들은 그만큼 강하다. 그런데 문제는 나도 이 말들을 제대로 다룰 수 없다는 것이다."

종마는 분명 뛰어난 말이지만 그 말의 힘(능력)은 자체적으로는 발휘되지 않습니다. 말의 능력은 기수에 얼마나 민감하게 반응하느냐에 의해 더 좌우됩니다. 기수에게 어떻게 반응하는지에 따라 그 말이 제대로 훈련되었고, 정말로 강한 힘을 지녔는지 판가름됩니다.

제가 한국에 왔을 때, 한국 교회 리더들이 자신들의 계획을 내려놓고 주님 앞에 엎드려 주님의 얼굴을 구하는 모습을 보았습니다. 인상 깊었습니다. 그런데 동시에 저는 그 리더들이 지니고 있는 견고한 진 같은 힘을 보았습니다. 그 힘이 너무 강해 쉽사리 깨어지지 않을 것 같았습니다.

첫 한국 방문에서 하나님은 저에게 "앞으로 네가 한국에 두 번 더 갈 것이다"라고 하셨습니다. 그 말씀대로 저는 2012년과 2013년에 3번 한국을 찾았습니다. 그리고 나서 하나님은 "이제 너는 한국에 오지 않을 것이다. 내가 그것들(한국인의 강한 힘)을 먼저 깨뜨리겠다"고 하셨습니다.

제가 3번째 한국 방문을 마치고 떠나기 전에 모였던 리더들에게 이 말씀을 전했습니다. "여러분은 하나님께 너무나 소중한 분들입니다. 너무나 소중하기에 하나님이 여러분 안에 있는 강함을 깨뜨리실 것입니다. 그때 반드시 기억해야 할 것은 그 깨뜨림은 심판이 아니라 여러분을 자신에게 더 가까이 오게 하려는 주님의 마음이라는 사실입니다."

그러고 나서 제가 다음과 같은 말을 했는데 그것은 생각한 것

데미안 목사와 한국의 개더링 가족들이 자리를 함께 했다.

이 아니라 제 의지와 상관없이 그냥 입에서 튀어나온 것입니다.
"앞으로 유월절이 될 때를 주의해서 보십시오." 그 말을 2013년
말에 했는데 저도 왜 그런 이야기를 했는지 몰랐습니다. 저도 의
아했습니다. '어, 유월절 때가 왜 나오지?'

2014년 유월절이 됐을 때, 제가 아는 한 한국인으로부터 문자
를 받았습니다. "오늘 유월절 날에 한국에서 세월호가 물에 가
라앉으면서 300명이나 되는 젊은이들이 죽었습니다." 제가
2013년에 와서 마지막으로 "다음 유월절을 눈여겨보라"고 했는
데 이듬해 4월, 유월절에 너무나 큰 사건이 일어난 것입니다. 그
러고 나서 많은 한국교회 리더들이 제게 이런 말을 했습니다.
"부활절이 왔지만 우리는 주님 부활을 기뻐할 수 없습니다. 300

명이나 되는 젊은이들이 죽었기 때문입니다." 저는 그때 영어로 쓰인 세월호 관련 기사를 읽었습니다.

'배의 선장이 죽어가는 학생들을 뒤로하고 혼자 도망갔다. 학생들은 나오게 해 달라고 절규했지만 선장은 아무런 조치를 취하지 않아 결국 많은 젊은이들이 죽게 되었다.'

세월호 선장은 너무나 무책임했습니다. 세월호 사건 이후 한국의 청소년들이 길거리로 쏟아져 나와 "우리는 더 이상 당신들의 말을 듣지 않을 겁니다"라고 했다고 합니다. 참으로 비극적인 사건이었습니다. 그런데 그때 저는 영으로 느꼈습니다. '주님의 손이 한국 위에 놓여 있다. 이제 주님이 한국을 당신께 돌이키시겠구나.'

그때 한국 정부를 보았습니다. 세월호 사건 이후 한국 정부 안의 부패함이 드러나면서 권력자들이 정치적으로 몰락하는 것을 보았습니다. 경제적으로도 대기업들 안에 어려움이 나타났습니다.

이뿐 아니라 교회 안의 문제들이 드러나는 것을 보았습니다. 대형교회 목회자들과 관련된 스캔들이 터져 나오는 것들도 보았지요. 그때 알았습니다. 주님의 손이 한국 위에 있는데 그것은 심판이 아니라 회복하기 위함이라는 사실 말입니다.

하나님은 야생 종마와 같이 억센 한국인과 한국 교회의 의지를 꺾으셔서 기수이신 하나님 자신이 원하시는 대로 움직이도록 일을 행하고 계셨습니다. 그때는 하나님이 저에게 당분간 한국에 가지 말라 하셨기에 멀리서 그 소식을 듣고 있었습니다. 저는 영으로 오랫동안 하나님께서 한국에서 보기 원하셨던 그 일들을 지금 하나님께서 행하시며 궁극적으로 한국을 회복시키시고 계시다는 것을 알았습니다.

이후 한국으로부터 초청이 왔습니다. 그때 하나님은 "이제 가라"고 하셨습니다. 그런데 막상 한국으로부터 초대를 받아 가기 직전에 제 아버님께서 돌아가셨습니다. 저는 집안의 장남이었기에 당연히 장례식에 참석해야 했습니다. 당시 저는 한국 뿐 아니라 중국 상하이를 연이어 방문할 계획이었습니다. 그런데 주님은 "중국 일정은 취소하더라도 한국 일정은 절대 취소하지 말라"고 하셨습니다.

그래서 제가 하나님께 말씀드렸습니다. "하나님, 육신의 아버지가 돌아가셨어요. 맏아들로서 당연히 장례식을 주도해 치러야 하는데 제가 어떻게 한국에 갈 수 있습니까?" 그때 하나님이 말씀하셨습니다. "일단 가족들에게 이야기해서 그들로 하여금 네가 한국에 가도록 장례 일정을 조정토록 하라." 그러면서 이렇게 덧붙이셨습니다. "가서 한국 사람들에게 이야기해라. 내가 그들을 부드럽게 회복시키고 있다고. 내가 너희를 쳤지만 결국에는 너희를 치유하고 특히 마지막 때에는 너희를 마음껏 사용하겠다라고."

제가 지금 지난 시간을 돌이켜볼 때, 2014년부터 하나님은 한국을 사용하기 위해 작정하고 행동하신 것 같았습니다. 하나님이 개더링을 통해서 자신의 일을 한국 땅에 펼치실 것이라는 마음이 들었습니다. 그래서 그때 이후로 지금까지 저는 한국에 있는 가족들과 함께 이 여정을 걷고 있습니다.

한국인들은 혼자가 아닙니다. 열방에 있는 많은 가족들이 한국의 가족들과 함께 하며 지금 영적 돌파를 시도하고 있습니다. 처음 부산에서 열린 개더링에는 1500여 명의 중국 크리스천들과 300여 명의 일본 크리스천들이 왔습니다. 당시 부산은 한국 기상청 측정 역사상 가장 추운 시기였습니다. 그럼에도 불구하고 열방의 크리스천들이 부산에 모였습니다.

왜 그들이 대가를 지불하며 한국인들과 함께 섰을까요? 그들은 영으로 알았습니다. 지금 한국의 돌파는 한국인과 한국 교회뿐 아니라 전 열방에 미칠 영향력이 엄청나다는 사실을요. 그래서 그들은 한국의 가족들과 함께 서기로 한 것입니다. 열방의 가족들은 절대로 한국을 포기하거나 홀로 두지 않을 것입니다. 그것은 분명 하늘 아버지 마음입니다.

지금 일본은 하나님의 시간을 맞이하고 있습니다. 일본 교회에 부흥의 시기가 다가오고 있습니다. 중국의 가족들은 하나님의 힘을 상징하는 엔진 같은 역할을 할 것입니다. 한국인과 한국 교회에는 깊이가 있습니다. 한국과 일본, 중국의 연합이 중요합니다. 세 나라가 지닌 깊이와 넓이와 높이가 하나님의 나라를 위해 사용되어질 것입니다. 이 세 나라의 연합 없이는 아시아가 앞으로 나갈 수 없습니다.

그래서 하나님께서는 지금 한국을 변화시키려는 것입니다. 한국인과 한국 교회의 깊고 묵직한 힘이 아시아를 이끌 수 있도록 말입니다. 제가 '코리아'(Korea)라고 말할 때에는 단순히 남한만을 이야기 하는 것이 아닙니다. 하나님의 시간표상에서 코리아에는 남한은 물론 북한까지 모두 포함되어 있습니다.

> 제주 개더링에서 우리는 모두 함께 외쳤습니다. "내 백성을 가게 하라!" 이것이 이뤄질 것입니다.

우리는 2017년 2월, 홍콩에서 주의 얼굴을 구하기 위해 함께 모였습니다. 저는 당시 참석한 한·중·일 가족들에게 하나님으로부터 분명하게 들었던 것을 전했습니다. "이제 한국의 때가 왔다! 북한의 정권을 향해 얘기하라. '내 백성을 가게 하라'고." 그것은 너무나 명확한 주님의 말씀이셨습니다.

그분은 북한 정권을 향해 마치 과거 이스라엘 민족을 노예로 삼았던 애굽의 바로 왕에게 말한 것과 같이 "내 백성을 가게 하라"(Let my people go)라고 강권적으로 선포하신 것입니다. 직감적으로 느꼈습니다. 지금이 한국의 '카이로스 타임'이라는 사실을요. 그래서 2018년에 제주도에서 열방 개더링을 갖게 된 것입니다. 제주 개더링에서 우리는 모두 함께 외쳤습니다. "내 백성을 가게 하라!" 이것이 이뤄질 것입니다.

그리고 이어 2020년 서울에서의 개더링을 준비하고 있습니다. 지금 이전에 보지 못했던 놀라운 변화들이 한반도에서 펼쳐지고 있습니다. 전 세계의 이목이 한반도에 집중되고 있습니다. 이것의 영적 의미가 무엇인지 깨달아야 합니다.

일반인들의 이목 뿐 아니라 전 세계 크리스천들의 기도가 한반도에 집중되고 있습니다. 모든 예언들과 모든 선포들도 한반도에 집중하고 있습니다. 지금 시즌에 모든 기도와 예언, 선포가 왜 한반도에 모이겠습니까? 이것이 우연한 일입니까? 그럴 수 없습니다. 모든 것에는 뜻이 있습니다.

지금 한반도는 거대한 부흥을 앞두고 있습니다. 부흥의 폭풍 전야와 같습니다. 한반도의 다음 부흥은 1907년 평양에서 펼쳐졌던 대부흥 보다 10배 이상이 될 것입니다. 전무후무한 부흥의 사건, 하나님의 역사가 한반도에 임할 것입니다. 지금 우리는 그런 시대를 살고 있습니다. 이 새로운 부흥은 경쟁하면서 뭔가를 이뤄내려는 지난 세대의 것과는 전적으로 다릅니다. 그것은 하나 된 가족으로부터 나오게 되는 부흥입니다.

부흥은 전적으로 하늘 아버지의 역사입니다. 인간의 노력과 의지가 아니라 주께서 하늘을 가르고 강림하셔서 모든 흔들리는 것을 쓸어버리고 흔들리지 않는 나라를 세우는 것이 바로 부흥입니다. 하늘 아버지의 마음은 하나 된 가족에게 가 있습니다. 놀라운 부흥의 때에 하나님은 한국과 중국, 일본의 하나 된 가족을 통해 역사를 이뤄 가실 것입니다.

그리고 담대히 선포합니다. 북한에 있는 강한 권세는 곧 무너지게 될 것입니다! 저는 진심으로 북한의 정권조차도 구원 받기 원하며 기도하고 있습니다. 그러나 저들이 끝내 완악함을 버리지 않을 때, 하나님의 손이 움직이실 것입니다. 그 땅을 흔드실 것입니다. 흔들리는 모든 것을 무너뜨리고, 그곳에 흔들리지 않는 당신의 나라를 세우실 것입니다.

한반도의 진정한 힘은 남북이 하나 될 때 나오게 됩니다. 하나님은 제게 하나 된 코리아는 아시아의 모델이 될 것이라고 말하셨습니다. 그 하나 된 코리아가 행할 일은 생각만 해도 가슴이 벅찹니다. 그래서 저는 계속해서 불가능해 보이는 일을 행하시는 하나님에 대해 이야기 해온 것입니다.

전 세계 사람들은 한국에 대해서 잘 알고 있습니다. 한국 가운데에 분열의 영이 그토록 강하게 작동되어왔음을 알고 있습니다. 그들은 이렇게 말할지도 모릅니다. "한국이 하나가 된다고? 그건 불가능해. 그들은 모두가 서로 일등만 하려고 했던 사람들이야." 이런 소리를 들었던 한국이 하나 되었을 때에 열방의 모든 사람들은 이렇게 말할 것입니다. "아, 하나님이 하셨구나."

지금 한국은 너무나 중요한 시간을 지나고 있습니다. 이 시기에는 무엇보다 모든 사람들이 가족의 여정을 떠날 준비를 해야 합니다. 다음에 이 일을 하려하면 너무 늦어집니다.

다시 말씀드립니다. 이 중요한 때에 '임계 질량'에 이른 사람들이 있습니다. 이들이 서로 사랑하며 주의 얼굴을 구하고, 주의 음성을 들으며, 주님이 말씀하시는 것만을 행하고자 할 때, 주님의 때에, 주님의 방법대로 놀라운 부흥의 역사가 이뤄질 것입니다. 그때에는 주님이 친히 일하실 것입니다. 그분 스스로가 사자처럼 울부짖을 것입니다. 그분이 움직이면 모든 것은 끝납니다. 저는 여기에 아무런 의심이 없습니다. 반드시 그렇게 될 것입니다.

그래서 저는 더 이상 돌파 자체만을 위해 기도하지 않습니다. 돌파는 주님이 해주시는 것입니다. 그 주님의 돌파를 위해 우리 가족들이 하나 되어야 합니다. 이제 한반도는 그 단계까지 왔습니다. 하나님은 지금 한반도 땅 가운데 한몸 되어 함께 걸어갈 가족을 찾고 계십니다. 부디 이것을 기억하십시오. 정말 간절히 부탁합니다. 사자와 같이 포효하는 그분이 지금 한반도에서 가족을 찾고 계시다는 사실을 명심하십시오.

🎤 지금 너무나 중요한 말씀을 하셨는데 계속해서 한국에 대한 하나님의 마음을 나눠주시지요.

저는 1995년도부터 늘 '하나님 나라의 확장'이라는 대의를 위해 큰 교회 목회자들과 많은 교회 리더들이 함께 협력해 나가는 것을 추구했습니다. 어떤 경우에도 연합과 협력이 중요합니다. 그러나 큰 교회나 유명한 지도자들이 없다고 일이 이뤄지지 않는 것은 아닙니다. 제가 개더링을 해나가면서 깨닫게 된 것은 하나님께서는 어떤 일을 이뤄나가실 때마다 자신의 이름을 위해 준비된 사람들과 함께 일하신다는 것이었습니다. 언제 어디서나 준비된 하나님의 사람들이 있습니다. 그 준비된 하나님의 사람은 유명한 목회자일수도, 무명의 평신도일수도 있습니다. 유명함과 무명함은 큰 의미가 없습니다. 주님께 쓰임 받는 것이 중요합니다. 특별히 하나님의 일하심이 한 지역에만 국한되지 않고 더 넓은 지역으로 확장될 때엔 그런 쓰임 받는 하나님의 준비된 사람들이 더 많아집니다.

어느 날, 주님이 제게 말씀하셨습니다. "나는 언제나 원수보다 앞서 가서 나의 사람들을 준비해 놓았다. 너는 좋아 보이는 교회가 너와 함께 가기 원하지만, 그렇게 하지 않더라도 내 일은 진행된다. 여기저기 숨겨 놓은 자들이 나의 일에 동참하기 위해 준비되어 있단다."

저는 이제 주님의 이 말씀을 믿습니다. 어디를 가든, 주님이 준비해 놓으신 하나님의 사람들이 있었습니다. 그래서 주님이 가라고 말씀하시면, 눈에는 아무 증거 보이지 않아도 담대하게 갔습니다. 이미 제가 도착할 그곳에 주님께서 준비해놓으신 사람들이 있다는 믿음을 가지고 갔습니다. 그러면 반드시 그런 사람들을 만나게 됐습니다.

도처에 숨겨진 하나님의 사람들을 만나면 정말 놀라게 됩니다. 심지어 대형교회 내에도 하나님을 간절히 추구하고 있는 무명의 사람들이 있습니다. 그런 사람들과 연합을 하면 됩니다. 그들 모두가 하나님의 얼굴을 구하고 있기에 금방 하나가 되어 함께 일할 수 있게 되지요.

캐나다에서 모임을 가질 때의 일입니다. 주님께서 캐나다에 대해서 말씀하셨습니다. "나는 지금 캐나다가 회개의 자리로 나오기를 기다리고 있다. 단순히 그 자리에 나오는 것이 아니라 정말 산고의 고통 가운데 내게 울부짖고 간구하는 자들의 모임을 보기 원한다." 나는 그것은 불가능하다고 말했습니다. "에이, 주님 아시잖아요. 캐나다 사람들은 장례식에 와서도 울지 않는 사람들이라는 것을요. 그런데 그들이 울부짖으며 회개한다고요? 가당치 않습니다."

인간적으로는 제 말이 맞습니다. 제가 캐나다 사람들의 장례식에 갈 때마다 자주 '누가 죽은 것이 맞아?'라는 마음이 들 정도로 유족은 물론 조문객들이 망자에 대해 슬피 우는 모습을 보지 못했습니다. 저는 하나님께 말했습니다. "하나님, 캐나다 사람들이 부르짖고 울며 당신 앞에 나가는 것을 원하신다니요? 캐나다 문화에는 그렇게 기도하는 것은 없어요. 이미 이 사람들은 너무나 잘 살게 되었단 말입니다."

> "하나님, 두 손 높이 듭니다. 이제는 당신이 무엇을 말씀하시더라도 그대로 믿겠습니다. 오직 '예와 아멘'으로만 응답하겠습니다."

주님은 저의 대꾸에는 아랑곳하지 않으시고 말씀하셨습니다. "내가 너에게 보여주마." "좋아요, 하나님. 그러면 보여주세요." "리더들을 불러라."

그래서 저는 11월 어느 날에 캐나다 리더들을 초대했습니다. 그 리더들은 저에게 이렇게 말하며 투덜댔습니다.

"아니, 11월에 사람들을 부르면 어떻게 해요. 연말이라 다들 바쁘잖아요."

제가 예약한 호텔 모임 장소에는 300명 정도 들어갈 수 있었습니다. 저는 그때까지 사람들에게 하나님이 주신 비전을 나누지도 않았어요. 저는 캐나다 각 주를 상징하는 깃발들을 가져다 모임 장소 앞에 꽂아 두고 300여 명의 리더들에게 말했습니다. "여러분이 속한 주의 깃발 앞에 가서 함께 기도합시다."

그때 저는 주님께 이렇게 기도했습니다. "주님, 저에게 보여주세요. 이분들은 당신께 부르짖는 중보자들도 아닙니다. 그저 캐나다의 목사님들이며 리더들로 평생 울지 않던 남성들입니다. 어디 한 번 보여주시라고요."

그분들은 자리에서 일어나 앞에 세워진 깃발들 앞으로 나아갔습니다. 그때, 어느 지점에서 마치 사람들이 눈에 보이지 않는 어떤 옷자락을 통과하는 것 같았습니다. 사람들은 그 지점을 통과하면서 갑자기 허리를 숙이며 엎어지더니 부르짖기 시작했습니다. 저는 그 모습을 보며 놀랐습니다. '아니, 이게 뭐지? 아직 깃발에 다가선 것도 아닌데….'

캐나다 목사들과 리더들은 각자의 배를 움켜잡고 마치 출산할 때의 모습과 같이 부르짖기 시작했습니다. 입으로 각자 무슨 말인가를 쏟아내기 시작했습니다. 하나님이 그때 이렇게 말씀하셨어요. "너의 생각으로는 도저히 알지 못한다. 내가 지금과 같은 때에 캐나다를 위해 무엇을 준비했는지를 너는 알지 못한다. 도처에 내가 준비해 놓은 사람들이 있다하지 않았느냐. 이제 보아라."

도무지 울지 않을 것 같았던 캐나다 남성 목회자들과 리더들의 울부짖음을 목도하면서 저는 손을 완전히 들었습니다. "하나님, 두 손 높이 듭니다. 이제는 당신이 무엇을 말씀하시더라도 그대로 믿겠습니다. 오직 '예와 아멘'으로만 응답하겠습니다."

하나님께서 무언가를 하시고자 할 때, 하나님께서 누군가를 당신의 시간에 초대하실 때, 그분은 우리 생각을 초월한 방법으로 일을 행하십니다. 하나님은 언제나 우리를 놀라게 하십니다. 하나님은 자신의 이름을 위해 언제나 '남은 자'(Remnant)를 두셨습니다. 어두움이 아무리 깊다 하더라도 남은 자들이 파수꾼으로 역할을 하고 있습니다.

우리는 이 땅에 있는 거인들을 보고 두려워합니다. 도무지 아무런 일도 일어날 것 같지 않습니다. 지금 한반도의 북녘 땅을 바라보아도 그렇습니다. 그 땅 위에 드리워진 견고한 진은 좀처럼 뚫기 어려워 보입니다. 그러나 하나님은 준비해 두셨습니다. 지금 하나님의 시선은 한반도를 주시하고 계십니다. 더 이상 북한의 어두움을 허락하시지 않으실 것입니다.

그분은 한반도를 포기하지 않으셨습니다. 그래서 지금 그분이 "내 백성을 가게 하라"라고 말씀하시는 것입니다. 어느 날, 그 견고한 진은 여리고성과 같이 무너질 것입니다. 우리는 하나님이 하시는 일을 보게 될 것입니다. 그래서 우리는 잠잠한 가운데 '주가 하나님이심'을 경험하며 그분을 찬양할 것입니다.

🎙 정말 지금 한반도는 하나님의 카이로스 시간에 와 있다는 느낌이 강하게 듭니다. 이러할 때에 한국 교회와 크리스천들은 무엇을 준비해야 합니까. 3가지를 말씀해 주시면 좋겠습니다.

첫째는 모두들 주님께 "나의 마음을 변화시켜 달라"고 간구하십시오. 지금 하나님께서는 한국 땅에 당신의 가족을 세우시기 원하십니다. 이 땅의 아버지와 어머니들, 아들딸들의 마음을 회복시키시려 하십니다. 이런 변화는 우리의 '돌 같은 마음'으로는 도저히 일어날 수 없습니다. 주님이 개입해 주셔야 합니다. 그래서 우리는 마음의 변화를 위해 하나님께 간구해야 합니다.

두 번째는 하나 됨을 이루는 것입니다. 우리 주님께서 가족들의 하나 됨을 간절히 원하십니다. 우리가 하나님의 가족으로 한 몸을 이루길 원하시는 것입니다. 그것은 하나님의 임재와 영광에 대한 경험 없이는 불가능합니다. 우리 주님은 하나님께 "내가 저들에게 영광을 주었사오니 저들로 하나 되게 해주십시오"라고 기도드렸습니다.

하나 됨은 그분의 갈망입니다. 하나 됨을 소망하십시오. 그러기 위해 하나님의 임재와 하나님의 영광을 향한 굶주림을 가지고 나아가야 합니다. 더 큰 교회를 이루는 것과 더 많은 영혼을 구원하는 것 모두 놀라운 것이지만 인격이신 주님을 향한 갈망하는 마음보다 더 큰 것은 없습니다. 주님을 갈망하는 마음이 크리스천들의 가장 소중한 재산입니다. 거기서 모든 것이 시작됩니다. 한반도 내에서 주님의 가족들의 하나 됨이 이뤄지기를 갈망하며 기도하십시오.

세 번째는 무조건 함께 모이십시오. 성령님의 인도하심 속에서 함께 걸어가십시오. 하나님은 성자 예수님의 신부가 될 수 있는 권리를 함부로 누구에게든지 넘겨주시지 않습니다. 주님은 진짜 신부인 이 땅의 교회들과 직접 만나고 싶어 하십니다. 주님의 몸 된 교회들인 우리가 함께 모였을 때에 주님은 나타나셔서 말씀하실 것입니다. 절대로 모이기를 폐하지 마십시오. 지금은 함께 모여, 함께 가족으로 걸어가야 할 때입니다.

🎙 함께 개더링의 여정을 걸어가는 한국의 가족들을 만날 때 어떤 감동을 느끼셨는지요?

저의 아버님이 소천 받으셨던 그때에 제가 장례식을 미루고 한국에 오자 많은 한국 분들이 다가오셨습니다. 그분들은 저를 그저 꼭 껴안고 제 어깨에 기대어 하염없이 우셨습니다. 저도 울면서 말했습니다. "아버지가 보고 싶어요." 그러자 한 분이 와서 저를 껴안으면서 "저도 아버지가 보고 싶어요"라면서 우셨습니다. 다음 분, 또 다음 분이 오셔서 계속 같은 말을 하셨습니다. 저를 위로하기 위해 찾아온 분들이 모두 저를 안아주시면서 "아버지가 보고 싶어요, 아버지가 그리워요"라고 말했습니다. 그 말을 들으면서 저는 '아니, 자기 아버지도 아니면서…'라는 생각이 들었습니다. 돌아가신 분은 제 아버지인데 저들이 그렇게 아버지를 보고 싶다는 것이 의아하게 여겨졌습니다.

그러다 갑자기 제 영 안에서 느껴지는 것이 있었습니다. 그 날, 소천 받으신 제 아버지는 많은 한국 가족들의 아버지가 되신 것이라는 깨달음이었습니다. 생각해보니 우리는 가족이었습니다. 가족이라고요! 물론 육신으로는 아버지의 친아들은 저였지만 영 안에서 아버지에게는 무수한 한국인 자녀들이 생긴 것입니다.

그러자 주님은 저에게 이렇게 말씀하셨습니다. "너의 육신의 아버지가 나에게 왔다. 너의 아버지의 겉옷을, 다른 사람들을 아들들과 딸들로 사랑하는 너의 아버지의 그 겉옷을 이제 내가 너에게 주겠다. 그러니 이제 네가 그들을 사랑하거라." 그때 저는 주님께 이렇게 이야기했습니다. "하나님, 사람들을 아버지로서 사랑하는 마음과 역량이 제 안에 있는지 모르겠습니다. 그러나 당신 말씀대로 하겠습니다."

한국은 저에게 그런 나라입니다. 한국의 가족들은 이제 저의 가족들입니다. 그들은 그저 다가와 저를 안고, 저에게 기대면서 저와 슬픔을 함께 했습니다. 서로 눈물 짓는 모습을 바라보면서 우리는 하나가 됐습니다. 그것보다 더 감동적인 장면이 어디 있겠습니까?

개더링에서 한국과 독일의 성도들이 단상에 올라 한반도 통일을 염원하는 순서를 갖고 있다.

🎤 목사님은 2020년이 하나님이 북한에 주신 데드라인이라고 하셨습니다. 그 근거는 무엇입니까?

2019년에 저는 그해 9월까지가 하나님이 우리에게 주신 준비 시간이라는 느낌을 강하게 가졌습니다. 유대인의 달력으로 9월은 새해의 시작입니다. 새로운 시작점에서 하나님은 아주 빠른 속도로 운행하실 것입니다.

특별히 사람들의 마음을 강하게 움직이실 것으로 생각됩니다. 그래서 우리는 하나님의 운행하심을 따라가야 합니다. 그러다보면 2020년은 한반도에서 아주 중요한 해가 될 것입니다. 2020년에는 한반도에서 많은 흔들림이 있을 것입니다. 모세가 바로 앞에 나갔을 때, 그는 자신이 하나님의 말씀을 전하면 바로가 이스라엘 백성들을 가게 할 것이라고 기대했습니다. 물론 거기서부터 출애굽의 카운트다운은 시작됐지만 이후로도 많은 프로세스가 있어야 했습니다.

한반도도 마찬가지입니다. 한반도를 향한 하나님의 시계침은 움직이기 시작했습니다. 그러나 2020년 3월, 6월, 9월 등 각 시간에 어떤 일들이 구체적으로 있을지는 알지 못합니다. 그럼에도 분명한 변화들이 가시적으로 나타나게 될 것입니다. 저는 북한 정권 담당자들이 회개하고 주님께 돌아와 용서 받아 구원을 얻게 되기를 원합니다. 그러나 그것은 그들과 하나님 사이에 해결되어져야 하는 일입니다. 북한 정권 담당자들이 계속해서 하나님께 반응하지 않을 때에는 징계가 있을 것입니다. 바로와 애굽을 치신 것처럼 하나님께서 북한 정권을 한 번, 두 번, 세 번, 계속해서 치실 것입니다.

지난 2년여 한반도에서는 지속적으로 변화가 일어나고 있습니다. 지금 막힌 것 같이 보이지만 변화의 흐름은 막을 수 없습니다. 하나님께서 이미 북한 정권을 향해 "내 백성을 가게 하라"고 명하셨습니다.

저는 2017년 7월 캐나다 모임에서 한반도에 대한 하나님의 마음을 나눴습니다. 그해 2월에 이미 하나님께서 그 말씀을 주셨지만 마음속에 간직했습니다. 그러다 7월이 되어 캐나다에서 이 말씀을 공개적으로 선포했습니다.

캐나다에서의 선포 이후 한반도에서는 생각지도 못한 놀라운 일들이 일어나기 시작했습니다. 트럼프 미국 대통령과 김정은 북한 국방위원장 사이에 '말 폭탄'이 오고 갔습니다. 김정은 위원장의 핵 위협에 트럼프 대통령이 "나에게는 더 큰 버튼이 있다"고 응수하는 등 마치 미국과 북한 사이가 전쟁 중인 국가와 같았습니다. 한반도에 언제라도 큰 일이 터질 것 같았습니다.

긴장이 고조된 가운데 2017년 11월의 개더링에서 한국의 리더들이 2018년이 한국이 분단 된 지 70년이 되는 해라고 알려줬습니다. 그러면서 이들은 2018년 1월에 한국에서 개더링을 하기 원했습니다. 그런데 주님께서 "아니다. 내가 2월에 한반도에서 무언가를 할 것이기에 3월에 모이라"고 하셨습니다. 그래서 2018년에 한국서 개더링을 하기로 계획했습니다.

그때까지 우리는 2018년 2월의 평창 동계 올림픽에서 남북 단일팀이 구성되어 남북한의 많은 사람들이 왕래하게 될 줄은 전혀 알지 못했습니다. 더구나 트럼프 대통령과 김정은 위원장이 만나 악수를 하게 될 것은 상상조차 못했습니다.

지금 여러분에게 이런 것들을 말씀드린 이유가 있습니다. 우리는 하나님의 음성을 올바로 들을 수도 있고, 제대로 듣지 못할수도 있습니다. 중요한 것은 하나님의 음성이라고 여겨지면 행동으로 옮겨야 한다는 것입니다. 잘못 듣는 것이 두려워 하나님의 음성을 듣고도 행하지 않는 것이 가장 큰 실수입니다. 저는 그런 실수를 범하고 싶지 않습니다. 그래서 만약에 내가 혹 실수할지라도 주님의 음성을 듣고 선포하는 것이 주님의 음성을 듣고도 선포하지 않는 잘못을 범하는 것보다 더 낫기 때문에 선포하기로 결정했습니다.

하나님은 명백히 김정은 위원장을 머리로 하는 북한 정권에게 "내 백성을 가게하라"고 명하셨습니다. 그래서 담대히 선포합니다. 북한 정권이 하나님의 그 명령을 듣지 않을 때엔 하나님이 북한 땅을 흔드실 것입니다. 그것에 대해선 조금도 의심할 여지가 없습니다. 만군의 여호와 하나님의 말씀이시니까요.

김정은 위원장의 증조할아버지는 기독교인이었습니다. 그런데 그 증조할아버지는 교회에서 동료 그리스도인으로부터 상처를 받았다고 합니다. 김정은 위원장의 가계에는 기독교인으로부터 받았던 상처가 흐르고 있습니다. 원수는 이 상처를 통해 그의 집안을 장악하기 시작했습니다. 사실 하나님께서 그 일을 허락하신 것이었습니다. 거기에는 뜻이 있습니다. 고통의 시간들을 이긴 북한 그리스도인들은 이 세상 누구보다도 중동의 무슬림들에게 다가갈 수 있는 자격을 갖춘 사람들이 됩니다. 지구상 어떤 민족들보다 북한 주민들이야말로 이스라엘 자손들에게 나아갈 수 있는 최적의 사람들입니다.

🎙 데미안 목사님은 그동안 여러 차례 참된 용서와 화해에 대해서 말씀하셨습니다. 사실 입으로는 용서를 말해도 마음으로 용서하고 화해하기란 결코 쉽지 않습니다. 이런 점에서 지금 우리는 북한을 어떻게 바라보며, 어떤 기도를 드려야 합니까?

하나님은 원수가 북한 땅에 가한 악을 사용하십니다. 하나님은 지금까지 북한의 그리스도인들을 준비시켜 오셨습니다. 지금 북한 땅의 고통은 최고조에 달한 것 같습니다. 이제 북한 땅에 임한 하나님의 뜻이 풀어져야 합니다. 그것을 위해 기도해야 합니다.

하나님께서 김정은과 그 정권을 다루고 계십니다. 그 시간에 들어와 있습니다. 때를 잘 분별해야 합니다. 하나님은 자신의 때에 요셉과 형들이 눈물로 화해하게 했습니다. 그들 사이의 관계를 회복시키셨습니다. 그런 하나님이 북한 분들 안에서 회복과 화해가 일어나게 준비시키고 계십니다. 특별히 북한 사람들에게 용서의 마음이 들어가게 일하시는 중입니다.

정말 용서가 중요합니다. 요셉이 그 형들을 용서하지 않았으면 그들을 향한 하나님의 계획은 이뤄질 수 없었을 것입니다. 물론 북한 분들이 겪은 고통의 시간은 너무 길었고, 상처는 너무 깊었습니다. 그래서 오랜 회복과 치유의 시간이 필요합니다. 그런 시간이 지나 북한 분들이 "하나님, 이제는 우리가 용서하겠습니다"라고 고백할 때에 진정한 하나님의 역사가 북한 땅에 나타날 것입니다. 너무나 어렵게 보이지만 그런 일이 일어날 것입니다. 우리는 그와 같은 참된 용서와 화해의 역사를 중국 분들에게서 보았습니다. 제가 중국 가족들을 처음 만났을 때, 그들은

개더링에서 참석자들이 한반도의 하나 됨을 위해 뜨겁게 기도하고 있다.

중국 정부를 너무나 싫어했습니다. 제가 그분들에게 이렇게 말했어요.

"하나님은 여러분이 갇혔던 그 감옥이 지구상에서 가장 강력한 교회가 되도록 여러분을 준비시키셨습니다." 저는 요셉의 이야기를 그분들에게 들려드렸습니다. "형들은 분명히 악을 도모했지만 요셉은 그것을 하나님의 섭리로 받아들이며 형들을 용서했습니다. 중국 정부가 여러분들에게 자행했던 그 악한 행실들은 어떤 것으로도 정당화 될 수 없습니다. 그럼에도 여러분들은 용서를 하셔야 합니다. 하나님은 요셉의 형들이 행한 악 자체를 바꾸지 않으셨습니다. 그분은 하나님이시기에 충분히 악을 막으셨을 수 있었습니다. 그럼에도 그러지 않으셨습니다. 상당히 어려운 이야기이지만 하나님은 악을 사용하셨습니다. 그러므로 지난 시절의 박해와 고통에는 하나님의 의지와 뜻이 들어가 있는 것입니다. 하나님의 섭리를 믿으며 중국 정부를 용서하십시오. 거기서 새로운 출발이 가능합니다."

북한의 그리스도인들도 너무나 어렵겠지만 북한 정권을 용서해야 합니다. 그러지 않으면 그들 스스로 '용서하지 못함'이라는 새로운 감옥에 갇히게 될 것입니다. 2018년 3월 20~23일 제주도에서 개더링이 열렸습니다. 거기에서 저는 남한과 북한 사이의 갈등과 특별히 북한에서 탈출한 분들의 고통을 경험했습니다. 제주 개더링 기간 동안 그리고 그 이후 우리는 남북한 가족들과 화해의 여정을 걸었습니다. 많은 남한의 가족들이 북한 가족들을 안아주었습니다. 그러면서 북한 가족들이 점차 안전함을 느끼며 치유되고 회복되는 시간을 통과해 왔습니다. 그러면서 자신들에게 자행되었던 악함을 뛰어넘어 하나님이 원하시는 본래의 모습으로 서는 것을 보았습니다. 한 달여 동안 그들이 변하는 모습을 보며 제 안에는 하나님이 하시는 일에 대한 확신과 소망이 더욱 생겼습니다. 이제 북한의 가족들은 앞장서서 서로를 안아주며 환영하고 있습니다. 저는 이전에는 결코 볼 수 없었던 모습들을 보며 놀라움을 감출 수 없었습니다. 악을 행했던 사람들조차 미래에 우리의 형제요 자매가 될 수 있다는 사실을 기억해야 합니다. 그것에 대한 믿음이 없다면 우리는 하나님의 마음으로 그들을 결코 품지 못할 것입니다. 만일 우리가 악을 행한 사람들까지도 가족으로 품을 수 있다면, 하나님 나라를 위한 놀라운 군대가 될 것입니다. 사탄의 입장에서 이런 용서의 사람들은 얼마나 무시무시하겠습니까. 저는 이집트인입니다. 우리 이집트 사람들은 하나님과 원수 된 민족으로 알려져 있지 않습니까?(웃음) 그런데 지금 제가 여러분들에게 한 가족으로 하나님의 용서와 사랑을 이야기 합니다. 이것 역시 기적과 같은 일입니다. 부디 하늘의 뜻이 한반도 땅에 임해 남북한에 새로운 부흥의 계절이 임하기를 바랍니다. 남북한이 손잡고 열방을 향해 가는 모습은 생각만 해도 전율이 일어나는 장면입니다. 그 날이 올 것입니다. 멀지 않았습니다.

02

데이빗 데미안이
말하다

개더링 여정의 시작과 전개, 하나님의 역사

하나님의 임재를 향한 갈망이 있는가?

오래전 나는 목회 사역을 하는 친구 부부 집을 방문했다. 저녁 식사를 즐겁게 마친 후, 친구 부부가 그릇을 치우는 동안 나는 뭔지 모르는 마음의 불편함을 느꼈다. 분명히 좋은 사람들과 즐거운 저녁을 했음에도 나는 의자에 앉아 안절부절못했다. '이 불편함은 뭐지?' 나는 내 마음이 요동치는 근원이 무엇인지를 곰곰이 생각했지만 특별한 것은 없었다.

"데이빗, 우리가 그릇을 치울 동안 편안하게 있어요. 차 한 잔 마실래요?"

"예. 차 좋지요. 감사합니다." 나는 거실로 들어가면서 대답했다.

안락의자에 앉았다. 그러나 결코 '안락'하지가 않았다. 거의 모든 나의 에너지가 고갈된 것 같았다.

"주님, 저는 얼마나 더 여기 있어야 할지 모르겠어요. 저의 이 기분은 무엇입니까?"

나는 나직이 중얼거렸다.

친구 교회에서의 집회 요청을 나는 기쁘게 받아들였다. 친구 부부는 크게 성장하는 교회를 담임하는 하나님의 사람들이었다. 우리는 하나님을 향한 동일한 마음과 열정을 지녔다. 그들은 참 좋은 사람들이었다. 그들을 만날 때마다 나는 격려를 받았다. 모임은 늘 유익했다.

그러나 이번 방문은 달랐다. 친구의 집에 도착한 순간부터 나는 뭔가 잘못됐다는 것을 알았다. 느낌이 그랬다. 집 전체에 흐르는 공기에 긴장감이 서려 있었다. 풀지 못한 일들과 논쟁들이 있는 것 같았다.

저녁 식사를 하면서 그 긴장감은 더 강해졌다. 식사는 즐겁게 했지만 마음은 불편했다. 나는 마치 뭔가 터질 것 같은 상황을 피하기 위해 달걀껍데기 위를 조심스레 걷는 것 같았다. 이런 경우는 별로 없었다.

안락의자에 앉아 차를 기다리며 조용히 기도했다.

"하나님, 저는 친구 부부를 사랑하고 이 집에 오는 것도 좋아

하지만 오늘은 더 이상 머물 수 없네요. 이 불편한 분위기에 저는 거의 죽을 지경이 되었다고요. 여기를 나가 좀 걷고 싶어요. 어쩌면 호텔에서 밤을 지새워야 할지 모르겠어요. 그런데 어떻게 친구 부부의 마음을 상하게 하지 않고 그 말을 할 수 있을까요? 그들은 내 마음 속의 불편함을 상상도 하지 못할 텐데요."

그러자 주님은 부드럽게, 그러나 슬픈 어조로 말하셨다. 나는 그때 그분의 말을 평생 잊지 못할 것이다.

"데이빗, 이제 너는 이 땅의 교회들에 대한 나의 마음을 이해할 수 있게 됐구나. 너의 마음이 내가 지금 교회를 향해 갖고 있는 마음이란다. 나는 내 신부인 교회를 사랑하고 함께 있고 싶어 늘 방문을 한단다. 그들도 나를 좋아하고, 나도 그들을 좋아한다. 그러나 시간이 조금 지나면서 교회 내의 모든 싸움과 분쟁, 질투들이 내 마음을 너무나 불편하게 했다. 아니, 불편을 넘어 슬프게 했다. 그래서 나는 거기에 더 이상 머물 수 없게 됐단다. 방문한지 얼마 되지 않아 떠날 수밖에 없었어. 내 마음이 이해되니? 나는 교회를 '방문하고 떠나기'를 지속했었어. 데이빗, 내가 영구히 거할 처소(Resting Place)는 어디에 있니?"

주님은 내게 이사야서 66장 1절을 말씀하셨다.
"여호와께서 이와 같이 말씀하시되 하늘은 나의 보좌요 땅은 나의 발판이니 너희가 나를 위하여 무슨 집을 지으랴 내가 안식할 처소가 어디랴"

에덴동산 이래로 하나님은 사람들 사이에서 안식할 처소, 교제와 사귐을 나눌 장소를 찾으셨다. 광야의 성막과 솔로몬의 성전은 안식할 처소의 사례들이었다. 그러나 완전하지는 않았다. 우리의 대제사장은 인간의 손으로 지은 집에 거하지 않으신다. 그분은 산돌이 되시는 주 예수 그리스도와 함께 거하신다.

"너희는 사도들과 선지자들의 터 위에 세우심을 입은 자라 그리스도 예수께서 친히 모퉁잇돌이 되셨느니라 그의 안에서 건물마다 서로 연결하여 주 안에서 성전이 되어 가고 너희도 성령 안에서 하나님이 거하실 처소가 되기 위하여 그리스도 예수 안에서 함께 지어져 가느니라"(엡 2:20~22)

학개는 이 '나중 성전', 즉 '그리스도의 영광'이 솔로몬의 성전보다 더 크리라고 예언했다.

"이 성전의 나중 영광이 이전 영광보다 크리라"(학 2:9)

그 성전에서 하나님은 문자 그대로 사람들을 땅에 납작 엎드리게 하실 것이다. 사람들은 하나님의 영광의 광채에 압도되어 말도 하지 못할 정도가 될 것이다. 피조물들에게 창조주 하나님의 영광을 경험하는 것보다 더 감격스러운 것이 어디 있겠는가? 나의 질문은 이것이다.

"오늘날 우리의 교회는 '더 큰 영광'을 경험하고 있는가?"

나의 대답은 단호하다.

"아니다. 우리는 훨씬 '덜한 영광'만 경험하고 있다. 그것이 전부인줄 안다. '더 있다'는 사실을 알지도, 구하려 하지도 않는다."

어쩌면 우리 가운데 일부는 삶과 사역에서의 대단한 영적 경험과 하나님으로부터의 축복을 자랑할 수 있을지도 모른다. 그러나 전반적으로 이 땅의 교회는 하나님의 영광과는 거리가 멀어졌고 그분이 거하시는 처소가 되지 못했다.

많은 점에서 우리는 약속의 땅으로 들어가려는 이스라엘 백성들과 비슷하게 되었다. 그들의 모든 관심사는 오직 축복을 받는 것이었다. 축복이 임하면 즐거워했지만 고난이 닥치면 불평하고 원망했다. 그것이 아버지 하나님의 마음을 아프게 했다. 이스라엘 백성들은 자신들의 불평과 투덜거림이 얼마나 하나님의 마음을 아프게 했는지는 전혀 생각하지 않았다.

그러나 모세는 달랐다. 모세는 '하나님의 손'이 아니라 '하나님의 얼굴'을 구한 하나님의 사람이었다. 모세는 이스라엘 백성들이 가나안 땅으로 들어갈 것이라는 약속을 받았다. 또한 천사들이 그들과 함께 갈 것이라는 소리를 하나님으로부터 들었지만 그는 가기를 거절했다.

"모세가 여호와께 아뢰되 주께서 친히 가지 아니하시려거든 우리를 이곳에서 올려 보내지 마옵소서 나와 주의 백성이 주의 목전에 은총 입은 줄을 무엇으로 알리이까 주께서 우리와 함께 행하심으로 나와 주의 백성을 천하 만민 중에 구별하심이 아니니이까"(출 33:15~16)

모세는 가장 중요한 것이 무엇인지를 너무나 잘 알았다. 그에겐 하나님이 가장 중요했다. 하나님이 계시지 않으면 아무것도 소용이 없다는 사실을 알고 있었다. 천사의 출현이나 기적, 심지어는 분깃과 약속들도 곁가지에 불과하다는 사실을 알았기에 그는 하나님의 임재만을 추구했다.

그렇다. 가장 중요하고 존귀한 것은 하나님의 임재다. 하나님의 임재를 향한 열망은 피조물이 지닐 가장 아름답고 소중한 추구다. 이것이 이스라엘을 지구상 다른 나라들과 구별되게 하는 요소였다. 비록 부족한 점은 많이 있었지만 전 세계에서 이스라엘 민족들처럼 집단적으로 하나님을 추구하는 사람들은 없다고 해도 과언이 아니다.

우리는 어떠한가? '모세의 간절한 마음'을 접했을 때, 마음의 울림이 일어나는가? 우리에게는 하나님의 임재 그리고 그 임재가 하나님의 교회를 세상과 구별하게 할 것이라는 사실에 대한 타는 목마름과 갈망이 있는가? 더 크고, 더 좋은 영원한 것을 추구하는가? 아니면 그저 가끔씩 짧은 기간 동안 일어나는 부흥과 간헐적인 천사의 방문, 어쩌다 일어나는 기적에만 만족하는가?

하나님과의 멋진 식탁이 차려져 있고, 그 식탁에 산해진미가 있는데도 그저 바닥에 떨어진 부스러기를 먹는 데에만 만족하는가? 우리는 사역의 부흥과 성공보다도 하나님의 영광의 임재에 머물기를 더 원하고 있는가?

위의 질문에 정직하게 대답하기 바란다. 부디 "예"라고 대답할 수 있기를…. 만일 위의 질문에 "예"라고 대답한다면 다음 이야기 속으로 여러분들을 초대하고 싶다. 내가 어떻게 캐나다에서 처음 개더링(Gathering)을 시작하게 되었는지, 그리고 캐나다의 남은 자들과 캐나다 교회들이 어떻게 주님의 영광을 추구하며 그분이 거할 처소가 되기를 진력했는지, 헌신된 사람들이 자신들에게 주어진 데스티니(Destiny·운명)를 어떻게 이뤄나갔는지에 대한 이야기다. 긍휼과 은혜가 무궁하신 하나님을 만난 사람들의 성실과 인내에 대한 이야기들은 언제 들어도 흥미진진하다.

개더링의 여정을 시작하다

나, 데이빗 데미안(David Demian)은 이집트 출신이다. 그러나 지금은 캐나다 국적을 지닌 이집트계 캐나다인이다. 캐나다와는 관계가 전혀 없었으며 캐나다에 오기를 원하지도 않았다.

데이빗 데미안 목사가 이집트 개더링에서 이야기하고 있다.

그러나 나의 생각과 하나님의 생각은 다르다. 하나님은 놀랍게도 내가 29살 때 나와 가족들을 이집트로부터 불러내어 캐나다 밴쿠버에 정착하도록 했다. 우리 가족의 출애굽을 한 것이다. 이 뜻밖의 이주는 내게 대단히 충격적인 일이었다.

이집트에서 하나님을 만난 나는 인생을 아랍인들에게 복음을 전하는데 드리겠다고 결심하며 한창 사역에 열중하고 있었다. 사역은 활성화되었고 규모도 커져갔다. 그러다 갑자기 캐나다로 온 것이다. 캐나다의 문화는 이집트와는 달랐다. 따뜻하고 정이 많은 이집트의 분위기와는 달리 캐나다는 겨울 날씨만큼이나 차가웠다. 나는 혼란스러웠다. 자기 연민에 빠졌고 고독했다.

그 당시 나에게 유일하게 위로를 줬던 것은 밥 버치(Bob Birch) 목사와의 만남이었다. 정말 하나님의 섭리 가운데서 이뤄진 만남이었다. 처음 만났을 때, 밥 목사는 80세의 고령으로 철두철미한 기도의 사도였다. 전 세계인의 사랑과 존경을 받은 인물이었다. 만난 지 얼마 되지 않아 밥 목사는 나에게 캐나다 전역을 여행하기를 제안했고 나는 바로 응답했다. 소위 '가방모치'가 되어 그를 따르기로 했다. 그것은 내게는 너무나 중요한 여정이었다.

밥 목사는 하나님의 얼굴을 추구하며 기도하는 것이 일상화된 사람이었다. 기도하며 이 시대의 교회를 깨우는 것이 그의 사명이었다. 밥 목사가 평생 간직한 성경 구절은 요한계시록에 여러 번 나오는 "귀 있는 자는 성령이 교회들에게 하시는 말씀을 들을지어다"였다.

그는 정말로 캐나다를 사랑했다. 캐나다를 통해 하나님의 뜻이 이뤄지기를 위해 기도했다. 그에겐 요한복음 17장에 나오는 '하나 됨'이 캐나다의 교회를 통해 이뤄지는 것을 보려는 타오르는 열망이 있었다. 매일 밥 목사는 새벽 2시에 일어나 아침 8시까지 무릎을 꿇고 캐나다의 교회들이 하나 됨의 소명을 이뤄가고 성도들이 모든 장벽을 넘어 하나가 되도록 기도했다.

나와 만난 지 얼마 되지 않아 밥 목사는 젊은이들의 그룹을 모아 밴쿠버를 비롯한 캐나다 전역에서 하나님을 기다리며 부흥의 때를 준비해야 한다는 마음의 감동을 받았다. 그때 모인 청년 그룹들이 훗날 '열방의 파수꾼들'(Watchmen for the Nations)이라고 알려진 사역의 씨앗이었다.

몇 년 동안 나는 밥 목사와 캐나다 전역을 여행했다. 밥 목사는 항상 만나는 사람들에게 나를 소개하며 함께 사역하도록 요청했기에 나는 점점 더 많은 캐나다 사역자들을 알게 됐다. 시간이 지나 나는 스스로 여행하고 말씀을 전해달라는 요청을 받는 지경에까지 이르렀다. 모든 것이 밥 목사의 헌신적인 도움 덕분이었다. 주님이 열어주신 모든 사역의 문들에 대해 지금도 감사하고 있다. 비록 그것이 이집트에서 내가 생각했던 것과는 아주 다른 삶이었지만 나는 점점 캐나다에서의 삶을 받아들였다. 또한 소명의 삶을 최선을 다해 완수하기 위해 노력해 나가기 시작했다.

밥 목사와 여행을 하면서 한 가지 도저히 이해하기 어려웠던 점이 있었다. 여행 가운데 나와 밥 목사는 자주 국제적으로 명성이 높은 예언적 리더들과 만남을 가졌다. 그들은 나를 보고는 "너의 삶에 하나님의 기름부음이 있다"면서 나에 대한 하나님의 말씀이라며 여러 이야기를 해줬다. 그것은 권면의 말씀이기도, 예언이기도 했다. 어떤 형태든 내 삶을 통해 하나님이 하시기를 원하는 놀라운 것들로 당시에는 도저히 믿기 어려운 내용이었다.

처음 몇 번은 그런 이야기를 들을 때마다 매우 흥분됐다. 그들의 말이 이집트에서 역사하셨던 하나님이 캐나다에서도 나를 버리시지 않고 기억하시는 증거라고 생각했다. 물론 그렇다. 창조주 하나님은 우리 인간의 삶을 향한 목적을 항상 갖고 계신다. 나뿐 아니라 이 글을 읽는 독자들에게도 하나님의 목적은 가동되고 있다.

그러나 몇 년이 지나도 내 삶에서 그런 말씀들이 이뤄질 기미가 조금도 보이지 않았다. 여전히 예언적 리더들을 만날 때마다 비슷한 이야기를 들었다. 그러나 아무런 변화가 일어나지 않자 그런 말들이 나에게 희망고문처럼 괴롭게 여겨졌다.

시간이 지나면서 나는 그런 말을 들을 때마다 피곤해졌고 자주 아내에게 불평하며 말했다.

"도대체 저들은 왜 나를 그냥 내버려두지 않지? 나는 더 이상 하나님이 나와 함께 하실 위대한 일들에 대한 말들을 들을 필요가 없어. 보라고, 아무것도 변한 게 없잖아. 캐나다는 전혀 내가 생각하거나 꿈꿨던 나라가 아니었어. 이런 나라에 오기 위해 모든 사역을 뒤로하고 이집트를 떠난 것은 나쁜 결정이었어. 사역자로서 나는 하나님이 내게 주신 것들에 대해 만족하며 감사하려 해. 그러나 나는 내가 갖지 못한 것, 할 수 없는 것들을 할 수는 없어."

이 같은 마음을 지니고 있었지만 그들은 존경 받는 이 시대의 영적 지도자들이었다. 예언자들에게 "입 닥치라"고 말할 용기는 없었다. 그때까지만 해도 나는 조만간 하나님과의 만남을 통해 내 모든 삶이 변할 것이라고는 전혀 알지 못했다.

1994년, 내 친구 가운데 한 명으로 이집트의 유명한 영적 리더인 이미엘 아바디르가 미국 전역을 여행한다는 소식을 들었다. 나는 그에게 밴쿠버에 오라고 청했다. 그를 밥 목사를 비롯한 '열방의 파수꾼들' 멤버들에게 소개해야겠다는 마음이 들었다.

이미엘은 곧 밴쿠버에 왔다. 그와 만나 마음을 나눌 때 내 영이 심하게 요동치는 것을 느꼈다. 갑자기 이미엘은 나를 똑바로 쳐다보더니 예언을 하기 시작했다.

"데이빗, 내년에 열어야할 컨퍼런스가 있어요. 당신은 두 달 동안 그 모임을 계획할 것입니다. 명심해요. 만일 당신이 그 컨퍼런스를 열 계획을 세우려는 시도조차 하지 않는다면 당신은 뭔가 중요한 것을 잃어버릴 것이에요. 분명히 지금 하나님은 캐나다에서 뭔가를 하시려 하고 계십니다."

마음으로는 이미엘의 예언을 기쁘게 받아들여야 한다고 생각했지만 밖으로 나온 내 반응은 그것과는 완전히 반대였다.

"예, 그렇군요. 그럼요. 주님은 위대한 일을 하실 것입니다. 물론이죠. 그런데요 솔직히 난 그런 이야기를 지금까지 너무나 많이 들어왔어요. 수도 없이 들어왔다고요. 이제는 정말 더 이상 그런 이야길랑은 듣고 싶지 않아요."

그러나 내가 그의 말을 무시하려 노력하면 할수록 내 마음 안에서는 무언가가 활성화되어 나를 강하게 움직이고 있다는 느낌이 들었다. 내 영을 타고 하나님에 대한 믿음과 영적 호기심, 강한 자극이 올라오고 있었다. 나는 생각하지 않을 수 없었다.

'어, 이건 뭐지? 왜 지금이지? 내 영이 이렇게 흥분되다니. 도대체 이미엘의 말과 지금까지 내가 들었던 수많은 말들과 다른 점이 무엇이지?"

그 순간, 갑자기 내가 어린 시절에 봤던 만화의 장면이 섬광처럼 마음에 지나갔다. 미키마우스인지, 구피인지 뭔가가 지나갔다. 분명 둘 중 하나였다. 미키마우스라고 치자. 거의 죽게 되어 생명의 기운이 완전히 사라진 한 미키마우스가 황량한 빈 땅에 누워있었다. 거기에 갑자기 피와 같이 붉은 색의 액체가 나타났다. 그 붉은 색 액체는 처음에 미키마우스의 발꿈치를 덮더니 금방 그의 온 몸에 차올랐다. 붉은 색의 액체가 온 몸을 덮자 죽은 것 같았던 미키마우스는 다시 움직이기 시작했다. 생명의 기운이 되돌아 온 것 같았다. 점점 미키마우스는 활기를 되찾고 여기 지기 뛰어다니기 시작했다. 나는 그것을 분명히 보고 느꼈다. 마치 어떤 사람이 내 안에 생명을 막 집어넣어 내 온 몸이 약동하는 생기로 뒤덮이는 느낌이었다.

그때, 내 마음 깊은 곳에서 한 소리가 울려 퍼졌다.

"데이빗, 이것이 네가 태어난 목적이란다."

의심스런 마음이 올라왔다.

"이것을 위해 내가 태어났다고?"

스스로 자문했다.

'컨퍼런스라고? 내가 정말 컨퍼런스를 계획하고 열기 위해 태어났어?'

나는 머리를 흔들고 방금 느꼈던 모든 것들을 애써 잊어버리려 했다. 나는 일단 결정하면 어떤 일이 있더라도 마음을 바꾸지 않는 스타일의 사람이다. 나는 컨퍼런스나 그 같은 외적 이벤트에 대해서는 전혀 관심이 없었다. 솔직히 사역 가운데 보아왔던 그런 모임들에 대해서 진저리를 냈었다.

이 땅의 교회에는 너무나 많은 프로그램과 이벤트들이 있다. 그것들을 위해 너무나 많은 노력과 돈, 시간들을 쏟아 붓는다. 결과가 좋으면 그런 쏟아 부음이 의미가 있을 것이다. 그러나 그런 노력들에 비해 열매는 별로 없고, 설사 있더라도 지속되지 않았다. 내가 경험했던 컨퍼런스는 그야말로 컨퍼런스로 끝나고 말았다. 컨퍼런스를 통해 도시나 국가가 변혁된 곳이 있는가? 별로 생각나지 않는다. 나는 다른 사람들이 이미 했던 것들을 반복하고 싶은 마음이 전혀 없었다. 내 마음은 열리지 않았다.

그렇게 한 달이 지나갔다. 그리고 또 몇 주가 지났는데 갑자기 우리 교회의 성도 몇 명이 느닷없이 컨퍼런스에 대한 꿈을 꾸기 시작했다. 그들은 담임 목회자였던 기드온 추 목사에게 가서 말했다.

"우리는 꿈에서 내년에 컨퍼런스가 열리는 모습을 보았습니다. 내년이면 아주 급합니다. 지금 바로 계획을 세우고 준비를 시작해야 합니다."

기드온은 나의 가장 가까운 친구로 이미엘이 내게 컨퍼런스에 대한 이야기를 해 줄 때에 옆에 있었다. 그는 상황을 잘 이해하고 있었다. 기드온이 내게 말했다.

"데이빗, 도대체 너는 왜 이미엘을 비롯해 이 사람들의 말에 대해 깊이 생각조차 하려 하지 않아?"

"기드온, 나는 컨퍼런스에 대한 마음이 없어. 그래서 컨퍼런스를 위한 계획을 세우고 싶지도 않아. 알다시피 이미 캐나다는 물론 열방의 교회에서는 수많은 컨퍼런스가 있어왔어. 나는 이미 행해졌던 것들과 다른 컨퍼런스를 할 수 있는지 자신이 없어. 분명한 것은 나는 지금까지와 같은 형태의 컨퍼런스를 반복하고 싶지 않다는 것이야. 솔직히 하나님을 움직이기 위해 그동안 행해졌던 무수한 것들을 모방하는데 지쳤어. 만일 하나님이 내가 무언가를 하기 원하신다면 그분은 나에게 그것이 무엇인지를 명백하게 보여주실 거야."

"그래, 데이빗. 네가 그런 틀에 박힌 모임을 하기 싫어하는 것은 충분히 이해해. 그렇다면 지금 네 마음의 생각은 무엇인지 자세히 말해줄래?"

기드온의 부드러운 반응에 나는 내가 품었던 생각을 이야기했다.

"나는 사람들이 서로 모여 오직 하나님의 임재만을 갈망하는 모임을 원해. 강사의 유명세나 강의 주제가 얼마나 강력한가와 상관없이 오직 하나님의 부르심에 반응한 사람들이 모인 모임 말이야. 기드온, 아무런 공식적인 주 강사나 보조 강사들이 없는 컨퍼런스를 생각해봐. 그리고 정해진 순서도 없어. 모인 사람들은 하나님이 캐나다나 교회에 대한 그분의 마음을 말하실 때까

기드온 추 목사(왼쪽)와 미국 캔사스 국제기도의 집의 대표인 마이크 비클 목사.

지 그저 기다리는 거야. 아무런 시간제한이 없는 예배를 상상해
봐. 하나님이 우리를 놓아줄 때까지 예배를 멈추지 않는 거지.
우리가 이미 여러 시간 동안 열정적인 예배를 드렸다 해도 그분
이 기뻐하신다면 계속 예배를 드리는 모임이 가능할 것 같아?
나는 그래야 한다고 생각해. 그리고 모임에 참석한 어떤 누구라
도 하나님의 말씀을 들었다면 회중들 앞에서 그 말씀을 나누는
것이지. 물론 하나님의 기름부음을 받아야 하겠지만 아주 어린
소년이라도 하나님의 말씀을 받았다면 그 말씀이 풀어지도록
기회를 줘야 해. 아무튼 나는 어떤 경우에도 캐나다의 교회가 하
나님의 임재와 영광을 위해 준비되어지는 것을 보기 원한다고."
　"데이빗, 잘 알았어. 솔직히 나는 지금껏 네가 말한 그 같은 컨

퍼런스는 본 적이 없어. 그러나 나도 그것을 원해. 나는 그것이 정확히 주님이 우리에게 하기를 원하는 모임이라고 생각해."

선한 목자인 기드온의 말이 내게 확신과 용기를 줬다.

다음해인 1995년 7월 여름, 캐나다의 휘슬러(Whistler)에서 우리는 첫 번째 '열방 개더링'(Gathering of the Nations)을 열었다. 우리가 개더링 장소를 위해 기도했을 때, 하나님은 우리 모두에게 캐나다 브리티시 콜롬비아주의 휘슬러에서 열 것을 확증해 주셨다. 휘슬러는 북미 최대의 스키 리조트 지역으로 아름다운 경관을 자랑하는 관광지다.

우리는 휘슬러에서의 모임을 어떤 이름으로 부를 것인지에 대해 진지하게 논의했다. 일단 우리는 '컨퍼런스'란 이름은 쓰지 않으려 했다. 우리가 하려는 모임은 전통적인 컨퍼런스와는 다른 형태의 것이었기 때문이었다.

우리가 이름에 대한 문제를 주님께 가져갔을 때, 주님은 스가랴 10장 8절 말씀을 보여주셨다.

"내가 그들을 향하여 휘파람을 불어 그들을 모을 것은 내가 그들을 구속하였음이라"

"I will whistle for them to gather them together, For I have redeemed them."

"휘슬...휘슬러... 개더...개더링?"

우리 모두의 마음에 개더링(Gathering)이란 이름이 심겨졌다. 휘슬러에서 개더링을 하는 것이야말로 하나님의 뜻이 아닌가? 나는 "아마도 주님은 우리 모임의 이름을 개더링으로 하기 원하는 모양이야"라고 말했고 모두가 동의했다.

우리 모두는 참석자들이 성령에 이끌려 오기 원했다. 즉 부르심을 받은 자들이 참가할 것으로 생각했다. 그래서 '휘슬러 개더링'에 대한 홍보를 별로 하지 않았다. 우리는 그저 어떤 마음으로 개더링을 하게 되었는지를 알리는 간단한 브로슈어만 만들었을 뿐이었다. 우리는 주님께서 사람들이 함께 모여 예배를 드리며 오직 그분만을 기다리는 영적인 남은 자들, 이 땅의 교회에서 그의 거하실 처소(Resting Place)가 확립되기를 보기 원하는 자들을 찾고 계신다는 것을 분명히 믿었다. 미리 정한 인간적인 어젠다도, 정교히 짜인 일정도, 공식적인 강사들도 없었다.

믿음의 영적 아버지와 어머니들

휘슬러 개더링에서 우리가 공식적으로 발표한 이름들은 개더링에 자신들의 지혜와 영적 경험들을 아낌없이 주기로 약속한

'믿음의 영적 아버지와 어머니들'이었다. 이들은 자신의 사역 목표와 비전보다는 하나님을 향한 마음이 더욱 큰 사람들로 영적 공동체에서 이미 증명된 믿음의 사람들이었다. 그들은 어떤 대가를 치르더라도 하나님을 추구하며 자신들의 세대에 하나님의 나라가 이 땅에 이뤄지기를 소망하는 사람들이었다.

보통은 나이가 들었지만 모두 그런 것은 아니다. 비교적 젊은 영적 아버지와 어머니들도 있었다. 영적 부모가 되는 것은 나이나 영향력과는 상관없다. 오직 주님으로부터 받은 은총의 정도, 그들이 속한 영적 공동체와 동료 리더들로부터 받는 신뢰와 존경에 의해서 결정된다. 되려고 해서 되는 것이 아니다.

영적 아버지와 어머니는 그리스도의 몸 된 공동체를 지키는 '영적 커버링'(Spiritual Covering)을 제공한다. 주님의 목적을 이루는 데 있어 너무나 큰 역할을 하는 것이다.

나는 이집트에서 비교적 젊은 나이에 사역을 시작했다. 수 년 동안의 사역 가운데 어려운 일도 많이 겪었다. 그렇기에 영적인 커버링이 얼마나 중요한지를 실감하고 있었다. 그때 나는 아주 강렬한 열정과 비전을 가졌지만 거기에 걸맞은 충분한 지혜는 없었다. 많은 경우에 나는 하나님이 주신 비전을 향해 달리면서 벽에 부딪쳤고 시험을 받았으며 영적 저항에 직면하기도 했다. 그러는 가운데 나도 상처를 받았지만 나를 따르고 돕던 사람들에게도 상처를 줬다. 당시의 내게는 영적 아버지와 어머니가 절실하게 필요했다.

영적 부모는 하나님과 함께 지낸 여정의 경험이 풍부한 분들이다. 그 영적 여정에서 그들은 수많은 장애를 만났고 그것을 극복했다. 자연스럽게 그들은 앞으로 다가올 위험에 대한 예지력이 높다. 방향을 잘 잡는다. 나무만 보는 것이 아니라 숲을 볼 수 있는 분들이다. 그들은 실제로 닥친 문제들을 처리할 수 있는 충분한 능력이 있다. 그것 뿐 아니라 더 중요한 것은 심각한 문제들이 실제로 일어나기 전에 원수의 공격을 물리치는 방법을 알고 있다는 점이다. 그것이야말로 진짜 지혜가 아닌가.

만일 열정이 있지만 경험은 부족한 젊은 리더들이 신뢰할만한 영적 부모의 커버링 가운데 사역을 펼쳐나간다면 하나님을 추구하는 과정에서 야기될 수많은 불필요한 문제들을 피할 수 있다. 영적 전쟁에서 아군의 사상자를 최대한 줄이면서 승리의 길로 나갈 수 있게 되는 것이다.

이런 이유로 나는 캐나다에서 새로운 여정을 시작하면서 결코 나 혼자 가지 않기로 결정했다. 나는 개더링에서 영적 아버지와 어머니의 커버링이 다른 어떤 것보다 중요하다는 사실을 인식했다. 함부로 정죄하는 것이 다반사인 이 세상에서 우리에게는 커버링이 필요했다. 우리는 새로운 영역에서 새로운 차원의 일, 과거에는 결코 시도되지 않았던 것을 시도하려 했기에 커버링은 너무나 중요했다.

영적 커버링을 받는 것이 꼭 외부의 적의 공격을 막기 위한 것만은 아니다. 우리는 성령이 우리의 모임을 직접 이끌어 가시기

> 우리는 성령이 우리의 모임을 직접 이끌어 가시기를 원했다. 그래서 인간의 통제를 최소화하고 성령께 최대한의 기회를 드리기로 했다.

를 원했다. 그래서 인간의 통제를 최소화하고 성령께 최대한의 기회를 드리기로 했다. 그럼에도 적절한 영적 질서의 유지는 필요했다. 통제하지 않은 가운데 이뤄지는 자연스런 질서를 말하는 것이다. 여기에 영적 부모가 역할을 할 수 있다. 뒤에 머물러 있지만 가끔씩 던지는 그들의 말 한마디가 모임의 분위기를 바꾸고 균형을 유지하며 모든 것이 제대로 정렬되게 할 수 있다. 그래서 우리는 홀로 가는 것이 아니라 영적 아버지와 어머니의 커버링 속에서 가기로 했다.

휘슬러 개더링

휘슬러 개더링의 참석 인원에 대해서는 별 기대를 하지 않았다. 일단 브로슈어는 보냈지만 우리가 잘 알려진 단체도 아니었고 개더링에서 무엇을 할 수 있는지도 정확하지 않았기에 사람들의 반응이 크지 않으리라 생각했다. 많아야 700~800명 정도가 응답하리라 예상했다. 그러나 우리가 브로슈어를 보낸 지 몇 주 지나지 않아 행정 담당자가 흥분한 가운데 내게 전화를 했다.

"데이빗, 놀라운 일이 벌어졌어요. 등록이 꽉 찼어요."

"뭐라고요?"

나는 소리치지 않을 수 없었다.

"현재 무려 2000명 이상이 등록했고 지금도 전 세계에서 참가하겠다는 전화가 와요. 그들에게 이미 등록이 찼고 더 이상 여유 공간이 없다고 말했어요. 그런데도 막무가내로 참가할 수 있게 해달라고 애원하네요. 그들은 하나님이 자신들에게 휘슬러 개더링 현장에 있어야 한다고 말하셨다고 합니다. 데이빗, 우리 모임 장소의 최대 수용인원은 1800명 정도입니다. 어떻게 해야 할까요?"

"외국에서 오는 사람들을 제외하고는 등록을 막으세요. 일단 모든 사람들이 들어갈 수 있는 방법을 찾아봅시다."

우리는 모임 장소 중앙에 있는 의자들의 절반을 치워 2300명 정도가 들어올 수 있도록 했다. 많은 사람들이 마루에 앉아야 했기에 불편했겠지만 누구도 불평하지 않았다. 우리 모두는 개더링이 지속된 5일 동안 너무나 강력한 하나님의 임재를 경험했다.

휘슬러 개더링은 정말로 놀라웠다. 우리 모두는 측량할 수 없는 하나님의 영광의 임재 속에 푹 젖었다. 과거에는 전혀 경험하지 못했던 것이었다.

우리는 아무것도 계획하지 않았다. 단지 성령께 자유롭게 모임을 주관해달라고 부탁했을 뿐이었다. 그분이 직접 인도자가 되어 주셨다. 성령은 교회 내의 분리와 역사적인 상처 등 많은 문제들에 대한 치유의 문을 열어주셨다. 우리는 성령의 인도로 중보하며 회개하고 선포했다. 성경에 기초한 예언적 행위도 했다.

> "또 이르되 화살들을 집으소서 곧 집으매 엘리사가 또 이스라엘 왕에게 이르되 땅을 치소서 하는지라 이에 세 번 치고 그친지라"(왕하 13:18)

우리는 직접 '땅을 치는' 영적 행위를 시도했다. 단순한 것 같았지만 그 예언적 행위를 통해 캐나다의 영적 분위기가 바뀌었다고 믿는다. 아무튼 놀라운 모임이었다. 그러나 당시에는 그것이 단지 우리 여정의 시작에 불과했다는 사실을 미처 알지 못했다.

국가적 변혁에 대한 갈망

'나는 이제 다른 개더링은 하지 않을 거야'
나는 피곤했고 낙담한 가운데 스스로 약속했다.
휘슬러 개더링 이후 우리는 영적 아버지와 어머니(20명 정도까지 늘었다)들과 함께 계속 기도했다. 우리는 하나님이 다음 해에 또 다른 개더링을 열기를 원하시고 그렇게 우리를 인도하신다는 것을 기도 가운데 받았다. 우리는 그 하나님의 부르심에 순종했다. 1996년 7월에 열린 개더링에는 4500 여명이 모임 장소에 꽉 들어찼다. 또다시 하나님은 우리를 만나주셨고 천상의 스케줄로 모임을 주관해주셨다.

그러나 그 개더링 이후 진짜 문제가 수면 위로 나오기 시작했다. 먼저 원수는 리더십 멤버들을 강하게 쳤다. 분열의 영을 뿌려놓았다. 서로의 질문은 비난으로 바뀌었고 작은 문제에도 섭섭함을 느꼈다. 우리 중심에서 균열이 일어난 것이다.

이런 분열의 문제와 함께 나는 개더링을 통해 우리가 정말 행한 일이 무엇이었는지를 스스로 물어 보았다. 물론 개더링은 참으로 강력한 영적 모임이었다. 개더링에서 나는 주님이 캐나다 내의 분열과 상처를 치유하기 위해 자신의 몸 된 교회를 쓰시려 하신다는 사실을 알았다. 캐나다의 교회들로 하여금 캐나다는 물론 열방의 치유자가 되어야 할 데스티니가 있다는 사실을 깨닫게 하신 것이다. 개더링을 통해 캐나다 교회는 영적 돌파 (Breakthrough)를 경험했다. 이것은 너무나 중요한 일이었다.

문제는 그 돌파가 지속되지 않았다는데 있었다. 개더링이 끝난 이후 몇 주, 혹은 몇 달 만에 그 효과는 사라졌고 사람들은 이전으로 돌아갔다. 분열과 고통, 상처가 만연된 이전 상태로 말이다. 그것이 너무나 나를 낙담하게 만들었다.

더구나 개더링 이후에 존경을 받고 있는 많은 열방의 영적 리더들이 캐나다에 임할 심판의 경고들을 풀어놓기 시작했다. 이런 모든 것들이 나를 심하게 고통스럽게 했다.

물론 나는 개더링에서 하나님의 임재를 경험하는 것이 너무나 좋았다. 그것은 정말로 짜릿했다. 일반적인 컨퍼런스를 뛰어넘는 위대한 모임이라고 생각했다. 그러나 나는 위대한 모임 이상의 것을 더 원했다.

나는 그분의 임재가 개더링의 장소와 개더링에 참여한 사람들을 뛰어넘어 캐나다 전역의 교회에 홍수처럼 밀어닥치기를 원했다. 캐나다의 영구한 트랜스포메이션(Transformation·변혁)을 갈망했던 것이다. 나의 영적 감각으론 뭔가가 캐나다로부터 하나님의 놀라운 은혜, 곧 페이버(Favor·은총)를 빼앗아 가는 것 같았다. 그 뭔가가 영속적인 승리를 위한 돌파를 막고 있는 느낌이었다.

나는 주님이 이런 문제들을 풀어주시기 전까지는 개더링을 더 할 수 없었다. 나와 믿음의 동지들은 다시 하나님의 얼굴만을 구하며 그분을 기다려야 했다.

하나님을 기다리라

우리가 개더링의 여정을 함께 걸어갈 때, 하나님은 모두가 지킬 기초적인 언약(Foundational Covenant)을 만들도록 인도하셨다. 어떤 경우에도 사수해야 할 언약으로 지금도 변함없이 지키고 있다.

첫째로 우리는 결코 하나님보다 앞서 행하지 않고 언제나 그분이 말씀하실 때까지 기다린다는 것이다. 얼마나 길게 기다려야 하는가는 전혀 문제가 아니었다. 우리는 그저 구름기둥과 불기둥을 따라 움직였던 이스라엘 백성들과 같은 어린아이의 마음을 갖기 원했다. 개더링의 여정을 시작한 이후, 우리는 하나님으로부터 명백한 말씀이 있기 전까지는 움직이지 않았다. 앞으로도 그럴 것이다.

기다림은 현대 교회에서 잃어버린 덕목이다. 우리는 지금 멀티태스킹을 요구하는 복잡다기한 세상에서 인스턴트식으로 살아가는데 익숙해 있다. 기다리기 위해서는 엄청난 노력이 필요하다. 이것이 사실이지만 나는 그저 인내하는 것이 하나님을 기다리는 문제의 중심은 아니라고 생각한다. 정말 중요한 것은 우리가 '그리스도의 주되심'에 대해 확고한 신념을 갖는 것이다.

예수님처럼

"내가 그리스도와 함께 십자가에 못 박혔나니 그런즉 이제는 내가 사는 것이 아니요 오직 내 안에 그리스도께서 사시는 것이라 이제 내가 육체 가운데 사는 것은 나를 사랑하사 나를 위하여 자기 자신을 버리신 하나님의 아들을 믿는 믿음 안에서 사는 것이라."(갈 2:20)

구원을 위해 치러야 할 대가는 죽음이다. 예수님의 죽음 뿐 아니라 우리의 죽음도 필요하다. 여기서 나는 육신적 죽음을 말하는 것이 아니다. 자아에 대한 죽음이다. 크리스천이 된다는 의미는 예수님을 구세주 뿐 아니라 우리 삶의 주인으로 받아들인다는 것이다. 누구를 주인으로 모시기 위해서는 자아가 죽어야 한다. 종의 마음을 지녀야 한다. 그래야 철저히 그 주인을 모실 수 있다. 예수님을 우리 삶의 주인으로 모신다는 것은 우리의 삶을 예수님처럼 산다는 것이다. 우리의 태도와 행동 모두가 예수 그리스도와 같아질 때, 우리는 예수님을 주인으로 모시게 되는 것이다.

"너희 안에 이 마음을 품으라 곧 그리스도 예수의 마음이니 그는 근본 하나님의 본체시나 하나님과 동등됨을 취할 것으로 여기지 아니하시고 오히려 자기를 비워 종의 형체를 가지사 사람들과 같이 되셨고 사람의 모양으로 나타나사 자기를 낮추시고 죽기까지 복종하셨으니 곧 십자가에 죽으심이라."(빌 2:5~8)

예수님은 완전한 하나님이셨음에도 자신을 부인했다. 스스로 어떤 결정을 할 수 있는 권한도 부인했다. 대신 그분은 스스로 낮춰 아버지의 뜻에 대한 완벽한 복종과 순종의 삶을 살았다.

"예수께서 그들에게 이르시되 내가 진실로 진실로 너희에게 이르노니 아들이 아버지께서 하시는 일을 보지 않고는 아무 것도 스스로 할 수 없나

니 아버지께서 행하시는 그것을 아들도 그와 같이 행하느니라."(요 5:19)
"나를 사랑하지 아니하는 자는 내 말을 지키지 아니하나니 너희가 듣는
말은 내 말이 아니요 나를 보내신 아버지의 말씀이니라."(요 14:24)

이렇듯 예수님은 아버지가 하시는 일을 본 것 외에는 아무것
도 하지 않으셨다. 자기의 말도 하지 않으셨다. 그는 오직 아버
지께서 하신 말씀을 들은 그대로 말하셨다. 나는 우리가 비록 크
리스천이지만 예수님 차원의 복종이 어떤 것인지 확실히 인식
하고 있다고 생각하지 않는다.

가령 당신과 내가 친구라고 상상해보자. 당신이 내게 말하면
서 대화가 시작된다. "데이빗, 점심하러 갈래요?" "나도 그러고
싶어요. 그런데 나는 먼저 아내가 허락하기 전까진 어떤 것도 할
수 없어요. 아내에게 먼저 묻고, 그녀가 오케이 사인을 내면 우
리는 함께 나가 식사를 할 수 있다고요."

다음날 당신이 새 타이어를 사러 쇼핑을 간다고 생각해보라.
그런데 당신이 가는 길에 나에게 와서 함께 타이어를 보러 가자
고 묻는다고 가정해 보자. 만일 내가 "좋아요. 그런데 먼저 아내
의 승인을 받아야 해요. 그러기 전에는 어떤 일도 할 수 없어요"
라고 말한다면 당신은 불편해지고 나와 어떻게 지내야 하는지
를 곰곰이 생각하게 될 것이다.

그리고 며칠 후, 당신은 야구 경기 표를 얻었는데 내가 야구광
이라는 사실을 알고 있다. 그래서 내게 전화를 해서 같이 갈 수 있

느냐고 묻는다. 내가 같은 패턴으로 "아, 나는 정말 야구를 좋아하고 함께 가고 싶은 마음이 굴뚝같지만 당신도 알다시피 먼저 아내에게 물어보기 전에는 아무것도 할 수 없어요"라고 말한다.

이에 대해 당신은 어떻게 반응하겠는가? 당신은 아마 이렇게 생각할 것이다 '세상에 이런 사람이 있나? 내 친구 데이빗은 자신의 생각이 있기나 한 것인가? 아내의 허락이 없으면 아무 일도 할 수 없다고? 여자에게 질질 끌려 다니다니…. 먼저 사내답게 행동하는 것이 필요해!'

자유의지는 피조물인 우리를 인간되게 하는 절대적 요소다. 자유의지는 스스로 결정할 수 있는 우리의 권리다. 우리가 그 권리를 박탈당하면 우리 인간됨의 가장 큰 부분이 사라지는 것이다. 그래서 예수님은 하나님으로서 단순히 그 자신을 겸손히 내려놓고 부인하지만은 않았다. 그는 한 단계 더 깊이 들어가 인간처럼 자유의지를 갖고 결정할 수 있는 자신의 권리마저 부인하셨다.

만일 우리가 하나님에 대한 순종을 왕에 대한 노예나 종의 복종이라고 생각한다면 하나님을 기다리는 것이 더 이상 문제되지 않을 것이다. 왜냐하면 우리에게는 어떤 일을 하고, 어떤 말을 할 권리가 하나도 없기 때문이다. 종으로서 우리가 삶에서 취할 가장 기본적 자세는 아주 열정적으로 왕과 주인의 말을 듣는 것이다. 우리가 자아의 죽음을 선포하고 오직 주님의 명령에 순종하며 움직일 권리만 있다는 사실을 받아들인다면 그 다음에는 너무나 쉬운 길이 펼쳐진다. 그분이 말하기 전까지 움직이지 않는 것이다. 그리고 그분이 말하면 움직이는 것이다. 간단하다.

이 땅에서 하나님의 나라를 사는 첫 번째 단계는 나의 자율과 자치(self-rule)에 대해 죽음을 선포하고 그의 통치에 완벽한 복종을 하는 것이다. 그 단계가 지나면 하나님이 직접 일하시게 된다. 하나님이 일하시면 모든 것이 끝난다. 인생을 가로막는 홍해가 갈라질 것이며, 죽은 자가 살아날 것이며, 진정한 하나가 될 것이다. 물이 바다를 덮음같이 여호와의 영광이 온 땅을 덮을 것이다.

> 이 땅에서 하나님의 나라를 사는 첫 번째 단계는 나의 자율과 자치(self-rule)에 대해 죽음을 선포하고 그의 통치에 완벽한 복종을 하는 것이다.

이것이 내가 하나님으로부터 듣기 전에는 또 다른 개더링을 하지 않기로 결정한 이유다. 나는 먼저 그분으로부터 들어야 했다.

'왜 심판의 말씀이 이 나라에 임했는가?'

'캐나다의 교회로 하여금 하나님이 거할 처소가 되지 못하게 막는 뿌리박힌 이슈는 무엇인가?'

'그분은 지금 우리에게 무엇을 원하시고 계신가?'

전쟁이 시작되었다

"데이빗, 너는 나의 놀라운 은혜(페이버)가 부어지는 것을 가로막는 캐나다의 근본적인 문제가 무엇인지를 물어 왔다. 좋다. 이제 내가 너에게 말해주겠다."

여러 달 동안 워치맨 팀들은 주님께 간절히 물으며 우리를 향한 그분의 뜻을 밝히 보여주시기를 기다렸다. 그러는 가운데 주님께서 반응하신 것이다. 나는 주님의 반응이 너무나 기뻤다. 정말로 주님은 뭐라 말하실까? 나는 의지를 굳게 하며 대답을 기다렸다.

"그 뿌리 깊은 문제는 유럽의 조상들이 캐나다를 건국할 때 지녔던 반유대주의란다. 이것이 나의 마음을 깊이 슬프게 했어, 데이빗, 나는 네가 캐나다 사람들이 반유대주의를 마음에 품었던 것을 회개하는데 역할을 하도록 너를 불렀단다. 만일 캐나다가 그 문제에 대해 회개하지 않으면 심판이 임할 것이다."

난데없는 주님의 말씀에 나는 너무나 혼동이 됐다.

'반유대주의? 캐나다가 반유대주의를 견지했다고? 아니야. 이건 옳지 않아. 캐나다야말로 전 세계에서 가장 관용적이고 수용적인 국가로 알려져 있지 않았던가. 그런 이 나라에서 어떻게 반유대주의가 심판을 초래할 수도 있는 뿌리 깊은 문제가 될 수 있지? 내가 잘못들은 것인가?'

그러나 내 마음은 주님의 말씀에 의아해했지만 내 영 깊은 곳에서 '이것이 진정한 하나님의 본심'이라는 감동이 왔다.

이제, 전쟁은 시작되었다.

분별(Discernment)

모든 사람들은 하나님의 음성을 듣는 두 개의 수신기를 갖고 있다. 우리의 생각과 하나님의 영이다. 우리 마음은 이성에 의해 기능한다. 우리 마음에서 어떤 소리를 들으면 우리는 즉시 그것이 이성적인지, 아닌지를 파악한다.

그러나 하나님의 영(God's Spirit)은 '분별'(Discernment)에 의해 파악된다. 분별은 어떤 것이 이성적인가, 아닌가를 가르는 것이 아니다. 분별은 단지 어떤 일이 생기거나 어떤 소리를 들었을 때, 그것이 하나님의 영으로부터 왔는지, 오지 않았는지의 여부만을 알려준다.

우리는 거듭나는 순간부터 분별의 능력을 가진다. 그리고 하나님의 영은 우리의 영을 촉진, 강화시킨다. 하나님의 영의 터치를 받으면 받을수록 우리의 영은 더욱 하나님의 음성에 민감하게 되는 것이다.

예수님은 '선한 목자의 비유'에서 분별을 말씀하셨다. 주님은 양은 목자의 소리와 외부인의 소리를 분별할 수 있다고 하시면서 선한 목자도 그렇다고 하셨다. 양들은 목자의 소리를 제대로 분별할 수 있기에 다른 사람들이 아무리 불러도 따르지 않는다.

우리가 하나님으로부터 뭔가를 들을 때에는 우리의 수신기에 의존한다. 만일 우리가 마음을 수신기로 사용한다면 마음이 일단 비이성적이라고 판단한 것은 자동적으로 우리의 영에서 제거된다. 우리의 영이 그것이 하나님으로부터 온 것인지 분별할 기회를 갖기도 전에 말이다. 이럴 때의 문제는 결코 이성을 뛰어넘는 하나님의 초자연적인 운행하심을 이해하거나 따라 잡을 수 없다는 것이다. 그러나 우리 하나님은 초자연적인 영역에서 활동하시는 불가능이 없으신 분이다.

"대저 하나님의 모든 말씀은 능하지 못하심이 없느니라."(눅 1:37)

"이르시되 무릇 사람이 할 수 없는 것을 하나님은 하실 수 있느니라."
(눅 18:27)

하나님의 생각과 길은 우리의 생각과 길보다 높으시다.

"이는 내 생각이 너희의 생각과 다르며 내 길은 너희의 길과 다름이니라 여호와의 말씀이니라 이는 하늘이 땅보다 높음 같이 내 길은 너희의 길보다 높으며 내 생각은 너희의 생각보다 높음이니라."(사 55:8~9).

그러므로 만일 우리가 하나님을 우리의 이성에 가둬둔다면 우리는 크리스천의 삶을 살더라도 우리 마음이 이해하는 것 이상의 어떤 것도 경험하지 못할 것이다. 그런데 우리가 사랑하는 성경의 모든 믿음의 이야기-다윗과 골리앗의 이야기부터 여리고성을 도는 여호수아의 이야기에 이르기까지-는 인간의 이성을 초월하는 하나님의 초자연적인 능력이 이 땅에서 풀어진 사례였다. 사도 바울은 우리의 인간적 생각을 뛰어넘는 영적 삶의 중요성을 강조했다.

> "육에 속한 사람은 하나님의 성령의 일들을 받지 아니하나니 이는 그것들이 그에게는 어리석게 보임이요, 또 그는 그것들을 알 수도 없나니 그러한 일은 영적으로 분별되기 때문이라."(고전 2:14)

그러면 우리는 우리의 생각을 어떻게 해야 하는가? 우리는 마음의 생각들을 그저 닫아 버려야 하는가? 아니다. 우리는 그것을 우리 영의 관리 하에 둬야 한다. 그래서 하나님이 마음과 생각을 정결하게 하고 변혁시키셔서 완전히 새롭게 하실 수 있도록 해야 한다.

> "그러므로 형제들아 내가 하나님의 모든 자비하심으로 너희를 권하노니 너희 몸을 하나님이 기뻐하시는 거룩한 산 제물로 드리라 이는 너희가 드릴 영적 예배니라 너희는 이 세대를 본받지 말고 오직 마음을 새롭게 함

으로 변화를 받아 하나님의 선하시고 기뻐하시고 온전하신 뜻이 무엇인지 분별하도록 하라."(롬 12:1~2)

영으로 사는 것은 언제나 도전적이며 모험적이다. 왜냐하면 우리 영이 말하고 있는 것을 붙잡으려면 우리의 마음이 넓혀져야 하기 때문이다. 영을 이해하기 위해선 우리 마음을 혁신하고 마음의 용량을 키워야 한다. 결코 쉽지 않지만 이 작업은 영적 세계를 살아가는데 너무나 중요하다. 일단 우리가 영으로 이해된 것을 마음으로 받아들이면 하나님은 우리 믿음의 지평을 넓히신다. 그 결과 우리 마음은 더욱 더 넓어져서 점점 더 초자연적인 것이 일상인 삶을 살 수 있게 된다. 이 땅에서도 하늘처럼 살 수 있게 되는 것이다.

나는 하나님이 "캐나다의 뿌리 깊은 문제는 반유대주의에 관한 것"이라고 말씀하신 것을 영으로 이해하려고 노력할 때, 내 생각의 지평이 넓혀지는 것을 명백히 느꼈다. 그러나 여전히 나는 자유의지를 가진 존재다. 나는 내가 들은 것들을 내 마음이 무시하도록 할지, 아니면 그것이 하나님의 진짜 음성인지를 분별하도록 마음을 열어 둘지에 대해서 결정해야 했다.

> 영으로 사는 것은 언제나 도전적이며 모험적이다. 왜냐하면 우리 영이 말하고 있는 것을 붙잡으려면 우리의 마음이 넓혀져야 하기 때문이다.

하나 됨의 능력

　마음으로는 캐나다가 해결해야 할 결정적인 문제가 반유대주의라는 것을 받아들이기 힘들었지만 영으로는 내가 들은 그것이 하나님의 진정한 말씀임이 감지됐다. 나는 영의 소리를 따라야 했다. 그러나 나 혼자만의 결정은 위험하다. 나는 내 자신만의 분별을 신뢰할 수 없다. 나는 다른 워치맨 팀들과 하나님이 말씀해 주신 것을 나누기로 했다.

　'집단적인 분별'(Corporate Discernment)은 개더링을 시작할 때 만들었던 기초적인 언약(Foundational Covenant)의 두 번째 부분이다. 우리는 하나님의 음성을 한 개인이 분별할 뿐 아니라 여러 믿음의 동지들이 함께 분별해 일치된 견해를 얻을 때까지 기다리는 것을 원칙으로 했다.

　집단적 분별을 할 때에는 각 사람들이 영 안에서 하나님으로부터 받은 말씀을 간증하고 함께 느끼는 바를 나눈다. 우리 각자가 보는 것은 부분적이다.

　　"우리는 부분적으로 알고 부분적으로 예언하니"(고전 13:9)

　각자가 부분적으로 알기에 여러 사람들이 모여 각자 부분적으로 알고 본 것을 맞춰보아 전체의 그림을 그리는 것이 중요하다. 그래서 성경에는 여러 명이 함께 논의하는 가운데 평안과 지략이 있다고 기록되어 있다.

"지략이 없으면 백성이 망하여도 지략이 많으면 평안을 누리느니라."(잠 11:14)
"의논이 없으면 경영이 무너지고 지략이 많으면 경영이 성립하느니라."(잠 15:22)

우리에겐 사도행전에 나오는 초대교회가 모델이다. 초대교회에서 제자들은 홀로 결정하지 않았다. 모든 제자들은 "그것은 성령과 우리 공동체에게 올바른 것이다"라고 말할 수 있을 때까지 함께 주님을 기다렸다. 그래서 우리는 개더링을 시작할 때부터 각자에게 어떤 말씀이 오더라도 집단적인 분별과 일치를 통해 확증을 받기 전까지는 결코 움직이지 않기로 헌신했다. 만일 우리가 어떤 문제에 대해 집단적인 일치에 이르지 못한다면 시간이 아무리 걸리더라도 명백한 일치를 이루기까지 주님을 찾으며 기다려 나가기로 했다.

캐나다의 반유대주의에 대해서 우리는 집단적인 분별을 통해 하나님의 정확한 뜻을 구했다. 기도와 많은 이야기 끝에 우리는 그 문제에 대해 명백한 일치를 보게 되었다. 비록 우리 모두는 반유대주의의 문제를 해결하는 것이 우리의 데스티니와 어떤 연관이 있는지 이성적으로 이해할 수 없었지만 그것이 주님 안에서 우리가 반드시 추구해야 하는 어떤 것이라는 느낌을 확실히 가졌다.

반유대주의 건으로 미팅을 한 지 얼마 되지 않아서 우리는 하나님의 말씀에 대한 확증을 받았다. 우리는 2차 세계대전 기간 동안 캐나다의 반유대주의적 이민 정책에 관한 이야기를 알게 되었다. 캐나다 정부의 인종차별적인 태도 때문에 나치로부터 탈출했던 많은 유대인들이 캐나다 입국을 거절당해 다시 돌아가 참혹한 가스실에서 죽어야 했다.

주님은 "아무 죄 없는 자들의 피가 절규하고 있다"고 우리에게 말하셨다. 그리고 이렇게 덧붙이셨다. "나는 너희가 이런 반유대주의적인 마음을 회개하도록 캐나다를 깨우기 바란다."

분명한 말씀이 전달되었다. 집단적으로 분별해서 그것을 우리가 받아야 한다는 사실도 확인했다. 그러나 우리 같이 작은 그룹의 리더들이 어떻게 국가 전체의 회개를 촉구할 수 있단 말인가? 우리는 그런 국가적인 회개를 촉구할 수 있는 영적 권위를 갖고 있지 못했다. 그것을 이뤄지게 하기 위해서는 적어도 캐나다 전역의 영적 리더들의 동의가 필요했다.

연합 안에 권위가 있다

주님의 계시가 회복되고 권위가 풀리기를 갈망하는 영역 가운데 하나가 집단적인 권위(Corporate Authority)가 있는 곳이다. 공동체의 힘, 연합의 힘이 이 땅 안에서 하나님의 권위를 풀어낸다. 연합 안에 힘이 있다. 우리는 바벨탑 이야기에서 그것을 본다.

> "온 땅의 언어가 하나요 말이 하나였더라; 또 말하되 자, 성읍과 탑을 건설하여 그 탑 꼭대기를 하늘에 닿게 하여 우리 이름을 내고 온 지면에 흩어짐을 면하자 하였더니 여호와께서 사람들이 건설하는 그 성읍과 탑을 보려고 내려오셨더라. 여호와께서 이르시되 이 무리가 한 족속이요 언어도 하나이므로 이같이 시작하였으니 이 후로는 그 하고자 하는 일을 막을 수 없으리로다. 자, 우리가 내려가서 거기서 그들의 언어를 혼잡하게 하여 그들이 서로 알아듣지 못하게 하자 하시고 여호와께서 거기서 그들을 온 지면에 흩으셨으므로 그들이 그 도시를 건설하기를 그쳤더라. 그러므로 그 이름을 바벨이라 하니 이는 여호와께서 거기서 온 땅의 언어를 혼잡하게 하셨음이니라. 여호와께서 거기서 그들을 온 지면에 흩으셨더라."(창 11:1; 4~9)

연합은 공동체 가운데 능력을 풀어 놓는다. 그런데 그 연합으로 인해 풀리는 능력이 하나님께 순종하지 않는 자들의 손에 붙잡히게 되면 문제가 심각해진다. 바벨탑 이야기가 그런 것이다 그들은 연합의 힘을 통해 하나님께 대항하려 했다. 그래서 하나님은 그들의 '한 목소리'를 내는 능력을 무력화시키셨다. 언어를 혼잡케 함으로써 서로간의 소통을 불가능하게 만드신 것이다.

그때부터 사람들은 개별적으로 권위를 가동시켜야 했다. 하나님은 그의 뜻을 땅에서 펼치실 때에 선지자와 제사장, 왕을 선택하셔서 그들에게 다스릴 권위를 부여했다. 오순절 때까지 그 같은 패턴이 지속됐다.

"오순절 날이 이미 이르매 그들이 다같이 한 곳에 모였더니 홀연히 하늘로부터 급하고 강한 바람 같은 소리가 있어 그들이 앉은 온 집에 가득하며 마치 불의 혀처럼 갈라지는 것들이 그들에게 보여 각 사람 위에 하나씩 임하여 있더니 그들이 다 성령의 충만함을 받고 성령이 말하게 하심을 따라 다른 언어들로 말하기를 시작하니라 그 때에 경건한 유대인들이 천하 각국으로부터 와서 예루살렘에 머물러 있더니 이 소리가 나매 큰 무리가 모여 각각 자기의 방언으로 제자들이 말하는 것을 듣고 소동하여"(행 2:1~6)

나는 사도행전 2장에서 일어난 일은 바벨탑 사건에서 인간 의지에 의해 오염된 연합의 능력을 하나님이 회복해 주신 것이라 믿는다. 바벨에서 인간은 자신들의 영광을 위해 탑을 건축하려 했다. 그 인간의 욕망이 투사된 바벨탑을 건축하기 위해 인간들은 영으로 하나가 됐다. 하나의 목소리(One Voice)는 그렇게 왜곡됐고 하나님은 그들이 한 목소리를 내지 못하게 언어를 혼란케 하셨다. 그러나 오순절 다락방에서 120명의 성도들이 자신을 내려놓고 오직 하나님만을 기다렸을 때, 성령 하나님이 한 목소리의 능력을 다시 풀어주셨다. 오순절 다락방에서의 하나 된 목소리는 영의 언어이며 하나님 한분께만 영광을 돌리는 언어였다. 이 하나 된 언어가 선포되자 3000명이 회개하고 주님을 받아들이는 역사가 일어났다.

오순절 다락방에서 일어났던 일은 하나님이 이 땅에 자신의 왕국을 건립하기 시작하셨다는 신호였다. 그때까지 제자들은 개별적인 영적 권위를 갖고 사역했다. 그들은 병든 자를 고치고, 귀신을 쫓아내며, 복음을 전하기 위해 파송되었을 때, 그 개별적인 영적 권위로 기적과 이사, 표적을 나타냈다. 그러나 이제 새로운 왕국의 모델이 펼쳐졌다. 하나의 몸(One Body), 한 머리(One Head)에 복종하는 연합하는 공동체에 성령의 능력이 부어져 연합된 그리스도의 몸이 하나님의 권위를 갖고 전 도시의 영적 분위기를 바꿀 수 있게 된 것이다.

사탄은 연합의 능력이 하나님으로부터의 집단적 권위를 풀어내며 그 권위는 지역과 국가, 도시의 정사와 권세 등 견고한 진을 파할 수 있는 능력이 된다는 사실을 잘 알고 있다. 그래서 사탄은 교회로부터 집단적인 권위의 능력을 빼앗기 위해 그렇게 애를 쓴 것이다. 왜냐하면 그 연합을 통해 자신들의 나라가 흔들리고 붕괴된다는 것을 너무나 잘 알기 때문이었다.

집단적 권위의 원칙은 가정에도 적용된다. 남편과 아내가 연합해 나갈 때에 가정의 권위가 세워져 하나님의 목적이 가정에서 이뤄지게 된다. 그러나 만일 부부가 일치를 이루지 못하고 분열한다면 그들의 권위는 약해지며 점차 세상풍조에 휩쓸리게 된다.

이는 교회와 사역에서도 똑같이 적용될 수 있다. 만일 교회의 리더십 팀들과 전 성도들이 연합 가운데 걸어가면 교회와 사역에서 권위가 세워져 교회를 통해 하나님의 목적이 이뤄진다. 만일 교회 리더십의 자리

> 오순절 다락방에서 일어났던 일은 하나님이 이 땅에 자신의 왕국을 건립하기 시작하셨다는 신호였다.

에 있는 부부가 가정에서 연합을 이룬다면 그들이 교회의 다른 리더들과 하나가 되지 않더라도 교회에서 하나님의 목적을 이룰 권위를 갖게 되는가? 물론 아니다. 하나 된 부부의 영적 권위가 발휘되는 영역은 가정이다. 그들이 그 권위를 교회에서도 동일하게 펼칠 수 있는 유일한 방법은 다른 리더십 팀들과 진정한 연합을 이루는 것이다.

그러면 도시에 대한 놀라운 비전을 갖고 있는 개인이나 사역 단체가 그 비전이 도시에서 이뤄지는 것을 위해 다른 사람들이나 그리스도의 몸 된 교회들과는 별도로 행동할 수 있는가? 당연히 그럴 수 없다. 비전을 갖는 것과 그것을 이룰 권위를 갖는 것은 차원이 다르다.

도시에 대한 하나님의 목적을 이루기 위해서는 더욱 더 연합적 권위가 필요하다. 그리고 이것은 개인이나 한 사역 단체, 심지어 한 교단으로서도 이룰 수 없다. 그들이 아무리 기름부음을 받고 얼마나 많은 계시를 품고 있는가는 상관없다.

크리스천이나 교회와 같은 영적 실체가 어떤 특별한 영역을 관장하기 위해서는 하나님의 권위가 필요하다. 그 권위는 오직 영적 실체들이 연합하고 한 머리가 되시는 주 예수 그리스도에 온전한 순종을 할 때에만 찾아온다.

그래서 다음해에 기드온과 나는 광대한 캐나다 전역을 여행했다. 도시에서 도시로 이동하며 우리 이야기를 들을 마음이 있다면 누구 할 것 없이 만났다. 우리의 여정에 하나님이 함께 하셨다. 시간이 지날수록 우리는 얼마나 하나님이 그의 주권 하에서 사람들을 준비해놓으셨는지 놀랄 수밖에 없었다. 우리들이 이야기를 나눌 때마다 하나님의 임재가 강하게 나타나 상대방들은 우리 이야기에 확신과 감동을 느끼게 됐다. 아주 보수적인 영적 지도자들이 사람들 앞에서 흐느끼기도 했다. 그들은 우리 이야기에 전적으로 동의했다. 여러 번 우리는 영적 리더들로부터 이런 이야기를 들었다. "당신들은 이 나라의 영적으로 뿌리 깊은 문제들을 정확하게 짚고 있어요!"

이제 우리에게 남은 질문은 "지금부터 우리는 어디로 가야 하는가?"였다.

하나님의 전략

우리는 반유대주의의 죄악으로 캐나다가 하나님의 페이버를 받지 못하게 됐다는 사실을 알게 됐다. 그 하나님의 놀라운 은혜를 다시 돌려받을 수 있는 유일한 길이 회개라는 사실도 깨달았다.

"내 이름으로 일컫는 내 백성이 그들의 악한 길에서 떠나 스스로 낮추고 기도하여 내 얼굴을 찾으면 내가 하늘에서 듣고 그들의 죄를 사하고 그들의 땅을 고칠지라."(대하 7:14)

우리에게는 국가적 회개가 필요했다. 그러나 이 국가적 회개를 위한 하나님의 전략은 정확히 무엇인가? 하나님의 시간표는?

우리가 개더링을 시작할 때 세운 기초적 언약은 세 부분으로 되어 있다. 앞서 두 가지를 말했다. 1)우리는 하나님보다 앞서 행하지 않고 그가 말씀하실 때까지 기다린다. 2)우리에게 임한 하나님의 말씀은 어떤 것도 우리가 함께 "그것은 성령님과 우리에게 올바른 것이다"라는 말이 나올 때까지 함께 분별한다.

세 번째 기초 언약은 '집단적인 분별을 통해 그것이 하나님으로부터의 참된 말씀이라면 우리는 다시 하나님이 정확한 전략을 우리에게 보여주실 때까지 하나님을 기다린다'이다. 이 세 번째 단계에서 하나님은 그러한 여러 단계들의 비전이 이뤄질 수 있는 시간과 지점으로 우리를 데려가신다. 하나님은 분명한 전략과 시간표를 갖고 계신다.

우리 중 많은 이들은 우리 삶과 사역에서 하나님으로부터 참된 비전과 말씀을 받는다. 그러면 우리는 흥분된 상태에서 주님의 뜻을 이루기 위해 과도하게 열정을 표출한다. 그러다보면 우리는 하나님께 그분이 원하시는 비전을 성취하는 방법과 적합한 시간을 묻는 것을 잊어버린다. 우리는 분명히 말씀을 들었기에 하나님께 어떻게 할지를 묻지 않은 채 지금 당장 행동해야 한다고 믿는다. 우리는 하나님의 명령을 이루기 위해 지금까지 우리가 경험한 방법 가운데 최선의 방법으로 일을 이루려 한다. 이같은 열정은 순수하며 결코 나쁜 것은 아니다.

그러나 하나님의 길과 우리 길은 다르며 그의 생각과 우리 생각은 다르다. 하나님은 여호수아에게 이스라엘 군대가 여리고를 함락시킬 것이라고 말씀하셨다. 여호수아는 전쟁에 능한 지휘관이다. 수십 만 명의 병사들에게 "자, 이제 약속의 땅을 취하자"라며 진격 명령을 내릴 수 있다. 그러나 만일 여호수아가 어떻게 전쟁을 하며 군대를 진격시킬 수 있는지에 대한 자신의 경험을 갖고 여리고성을 쳤다면 정말 여리고성이 무너졌을까? 절대로 그렇지 않았을 것이다. 전쟁에서의 승리는 군대의 능력이나 전략의 탁월함으로 결정되는 것이 아니기 때문이다. 승리는 철저히 하나님에 대한 순종에 의해서 결정된다.

당신은 왜 하나님이 여리고 성벽을 돌라고 이스라엘 사람들에게 말했는지 생각해 보았는가? 7일간 한 차례씩, 그리고 7일째는 7번씩 돌라고 말이다. 그들의 행진이 어떤 방법으로든 그

개더링에서 각국의 사람들이 함께 기도하고 있다.

성벽을 약하게 한 것인가? 아니다. 그러나 그 같은 행위는 이스라엘 사람들의 마음을 연약하게 했다. 그들은 분명 자신들이 어리석다고 생각했을 것이다. 아마도 여리고 성의 주민들은 이스라엘 사람들이 몇 날이고 성벽을 도는 것을 보고 조롱했을 것이다. 그러나 하나님은 이스라엘 민족이 자신의 말에 순종하는지를 시험하는 중이셨다. 그리고 하나님은 이스라엘 백성들로 하여금 여리고성이 무너지는 것은 그들의 힘 때문이 아니라 살아 있는 하나님의 레마의 말씀 때문이라는 사실을 알게 하려 했다. 당대 사람들뿐 아니라 오고가는 모든 세대의 사람들에게 이 교훈을 주시려 했던 것이다.

레마와 로고스

'하나님의 말씀'의 헬라어 원어는 두 개가 있다. 로고스 (Logos)와 레마(Rhema)다. 로고스는 하나님의 기록된 말씀으로 성경에 있는 것이다. 로고스에 의해서 우리는 하나님의 성품과 본성을 알게 된다. 우리가 그리스도 안에 있다는 것과 하나님 왕국의 원칙들도 알게 된다.

레마는 지금 여기에서 영으로 당신에게 말하고 있는 하나님의 말씀이다. 그것은 성경 속에서 갑자기 떠오른 말씀(로고스)일 수 있고, 당신의 심령 안에서 울려 퍼지는 작은 목소리일 수도 있다. 그것은 하나님이 당신에게 직접 말씀하시는 예언적 말씀일 수 있고, 다른 사람을 통해 듣는 영의 말씀일 수도 있다. 그러나 그것을 어떻게 들었던 간에 당신은 그것이 레마라는 것을 안다. 왜냐하면 레마의 말씀을 듣는 순간, 당신의 믿음이 하나님의 목적을 붙잡기 위해 활성화되기 때문이다.

"그러므로 믿음은 들음에서 나며 들음은 그리스도의 말씀(레마)으로 말미암았느니라."(롬 10:17)

레마는 그 속에 창조의 능력을 포함하고 있다.

"여호와의 말씀으로 하늘이 지음이 되었으며 그 만상을 그의 입 기운으

로 이루었도다; 그가 말씀하시매 이루어졌으며 명령하시매 견고히 섰도다."(시 33:6; 9)

하나님의 말씀으로 전 우주가 창조된 것 같이 오늘날 이 땅에도 그분의 뜻이 온전히 설 수 있도록 그분의 말씀이 선포되고 있다. 그래서 만일 우리가 이 땅에 하나님의 왕국이 수립되기를 간절히 원한다면 우리는 반드시 그분이 말하는 바를 들어야 한다.

레마의 말씀은 또한 기적을 일으키며 영적·자연적 영역을 변화시킬 수 있는 능력을 갖고 있다. 마태복음 14장에서 예수님이 베드로에게 "오라"고 한 것이 레마의 말씀이다. 그 레마의 말씀이 베드로로 하여금 배에서 나와 물 위를 마치 단단한 땅처럼 걷게 만들었다. 이 시대 교회의 가장 큰 도전 가운데 하나는 사람들이 로고스의 말씀만으로 살아가려 하는 것이다.

"모든 성경은 하나님의 감동으로 된 것으로 교훈과 책망과 바르게 함과 의로 교육하기에 유익하니"(딤후 3:16)

이 말씀이 레마의 말씀의 중요성을 경감시키는 것이 아니다. 예수님은 이렇게 말씀하셨다.

"예수께서 대답하여 이르시되 기록되었으되 사람이 떡으로만 살 것이 아

니요 하나님의 입으로부터 나오는 모든 말씀으로 살 것이라 하였느니라 하시니"(마 4:4)

그러나 동시에 주의해야 할 것은 우리가 레마의 말씀을 로고스의 말씀처럼 취하고 행동하지 말아야 한다는 사실이다. 성경은 "하나님이 거룩하니 우리도 거룩해야 한다"고 말한다. 이것은 로고스의 말씀으로 그분의 거룩하심 안에서 나를 훈련하고 지도하기에 아주 유용하다. 그러므로 이 말씀을 취해야 한다. 성경은 또한 예수님이 베드로에게 "물위를 걸으라"는 레마의 말씀을 하셨다고 기록하고 있다. 그러나 나는 이 말씀을 취해 그것이 나를 위한 말이라고 여기며 태평양을 걸을 수는 없다. 사실 이것은 교회에서 너무나 자주 일어나는 현상이다. 우리는 레마의 말씀을 취해 특별한 장소에서 하나님의 전략을 세우고 그것을 프로그램화 하려 한다. 우리는 셀 모임을 통해 성장한 교회 이야기를 들으면 똑같은 성장을 거둘 소망을 갖고 셀 모임을 시작한다. 그러나 이것은 결코 성립될 수 없다. 각 교회의 상황이 다르기 때문이다. '셀 모임으로 성장한다'는 원리가 일률적으로 적용될 수 없다. 마찬가지로 하나님의 능력은 전략 그 자체에 있는 것이 아니라 하나님의 레마의 말씀을 듣고 정말로 순종하는지 여부에 있다. 구약의 전략이 지금도 반복되지 않는 이유가 여기에 있다. 왜냐하면 그 모든 전략들(여리고 성을 돌고, 항아리 안에 횃불을 넣어서 운반하고, 화살로 땅을 치고)이 그 자체로는 어떤 능력도 없기 때문이다. 우리는 이런 이야기를 반복하기 위해서가 아니라 그것들이 우리에게 믿음의 한 원칙을 예시하는 것으로 받아들여야 한다.

만일 우리가 레마의 말씀을 받기 위해 하나님을 전심으로 기다린다면 우리 믿음은 활성화 될 것이며 그의 말씀에 순종하며 움직임에 따라 하나님의 능력이 제대로 풀어져 하늘에서처럼 이 땅에 하나님의 나라가 성립되는 것을 보게 된다.

국가적 회개를 위한 개더링

"만일 네가 지체한다면 너는 그것을 잃어버리게 될거야."
하나님의 분명한 말씀을 듣고 생각했다.
"잃어버린다고? 무엇을 잃는 거지?"

기드온과 나는 거의 1년 동안 캐나다 전역을 여행하며 여러 다른 리더들에게 하나님이 우리에게 보여주신 것들을 이야기했다. 1998년 9월에 우리는 워치맨 팀 멤버들과 함께 모임을 가졌다. 그때 한 여성 리더가 며칠 전에 꿈에서 보았던 것을 나누기 시작했다. 꿈에서 그녀는 여러 일로 마음이 분산되어 있었다. 시간은 자정 11분 전이었지만 그녀는 시간을 인식하지 못했다. 그리고 갑자기 재난이 닥쳤다. 무서운 재난이었다. 그녀가 깨어

낮을 때, 하나님이 말씀하시는 것 같았다. "이제 11시다"(It's the 11th hour) 영어 표현으로 그것은 "시간이 거의 다 됐다. 마지막 찬스다"라는 뜻이다.

우리 모두는 그녀의 꿈이 하나님으로부터의 강한 경고라는 사실을 느꼈다. 우리는 기도했고 하나님께 당신의 계획을 보여 달라고 간청했다.

하나님은 우리가 그룹 리더들 및 중보자들과 비전을 나눔으로써 함께 캐나다의 국가적 회개를 촉구하는 다음 단계로 나갈 것을 강권하셨다. 하나님이 '11'이라는 숫자를 보여주셨기에 우리는 국가적 회개의 개더링을 11월 11일에 해야 한다는 감동을 받았다

그때까지는 시간이 얼마 남지 않았다. 아주 짧았다. 그래서 우리는 즉각 이 말씀을 분별할 수 있는 전국의 영적 리더들과 접촉했다. 그들 모두가 우리가 모여야 한다는 점을 강조했다. 그러나 시간에 대해서는 우려를 보였다.

"데이빗, 이건 너무 빨라."

"목회자들은 너무 바빠 스케줄을 조정하기 위해 적어도 몇 달 전에는 알려줘야 해. 그리고 11월은 모임하기에 좋은 시즌이 아니야. 모든 사람들이 크리스마스를 준비하려는 때야. 크리스마스 연극과 연회, 크리스마스 아웃리치 등을 생각하지. 내년 2월까지 기다리는 것이 어때? 그러면 훨씬 더 좋은 결과를 얻을 거야."

그들의 조언이 일리가 있었지만 우리는 하나님 앞에서 결정을 해야 했다. 일단의 예언적 중보자들을 통해 하나님이 우리가 지체할 경우 무언가를 잃어버릴 것이라고 경고했기 때문이다

나는 하나님이 말씀하신 잃어버리는 것이 무엇인지 알 수 없었다. 이미 우리는 회개와 관련된 하나님이 주신 비전을 1년 넘게 수행하려 노력했다. 그러니 몇 달 더 지체된들 어떤 차이가 있겠는가? 인간적인 망설임이 없을 수 없었다. 그러나 우리는 기본 언약에서 모든 세세한 부분까지 주님께 순종키로 했기에 주님이 주신 감동대로 11월 11일부터 14일까지 국가적 회개를 위한 개더링을 갖기로 선포했다.

놀랍게도 600명이 넘는 사람들이 전 캐나다에서 반응했다. 우리는 그 모임에 대한 명확한 계획이 없었다. 그래서 개더링 첫날 밤에 각 지역에서 누가 왔는지 모든 사람들과 나누는 시간을 갖는 것이 좋겠다고 생각했다. 우리는 방 곳곳에 각 지역을 상징하는 깃발을 세우고 사람들에게 그들이 소속된 지역의 깃발 앞에 모이도록 했다. 그들이 각 위치로 움직였을 때, 갑자기 하나님의 임재의 바람이 방을 휩쓸었고 사람들은 저절로 무릎을 꿇기 시작했다. 그들은 울며 영적 산고의 고통을 느끼고 있었다. 방 안을 흐르는 거대한 탄식의 흐름이 사람들을 압도했다. 사람들은 주님의 임재에 사로잡혀 눈물과 콧물을 흘리며 회개하고 기도했다.

나는 너무나 놀랐다. 왜냐하면 나는 아직 사람들과 회개에 대

한 비전을 나누지도 않았기 때문이다. 나눌 기회조차 없었다. 그럼에도 이 강력한 임재와 탄식의 분위기는 무엇이란 말인가? 갑자기 나는 지금 우리가 하나님의 카이로스의 시간 속에 들어왔다는 사실을 깨달았다.

카이로스, 하나님의 시간

성경에서는 시간과 관련된 두 개의 다른 헬라어가 있다. 카이로스(Kairos)와 크로노스(Chronos)다. 크로노스는 보통의 흘러가는 시간이다. 날과 날, 주와 주, 해와 해 등 정해진 대로 시간이 흐르는 것이다. 크로노스의 시간에서 하나님과 함께 걷는 우리의 걸음은 매일의 성실함과 그의 음성을 따르려는 순종에 의해서 결정된다. 크로노스의 시간에서 하나님이 말씀하실 때, 우리에게는 3가지 옵션이 있다. 순종할 수 있거나 불순종할 수 있고 우리 응답을 지체할 수 있다. 크로노스의 시간에서 하나님의 계획은 우리의 순종과 연결되기에 우리의 반응에 따라 하나님의 목적이 앞으로 나가거나 지체될 수 있다.

이 강력한 임재와 탄식의 분위기는 무엇이란 말인가? 갑자기 나는 지금 우리가 하나님의 카이로스의 시간 속에 들어왔다는 사실을 깨달았다.

카이로스는 '이미 정해진 시즌, 때가 찬 시간'으로 정의된다. 카이로스의 순간은 하나님이 그의 완벽한 계획과 목적을 효과적으로 실행하기 위해 영원으로부터 이 땅의 타임라인으로 발걸음을 옮겨놓으셨기에 역사적으로 특별한 시간이다.

카이로스의 시즌에서는 보통의 시간과 자연의 법칙이 바뀌는 경우가 많다. 카이로스 시간 속에서는 하나님에 대한 반응을 지체할 수 있는 옵션이 우리에게 더 이상 없다. 아무것도 하나님의 뜻과 일하심을 막을 수 없다. 하나님은 이제 어떤 목적을 이루시기 위해 일하시기로 결정하셨고 이 땅에서는 그의 목적을 지체시킬 수 있는 어떠한 힘도 없다.

카이로스 시간에서 우리의 복종은 하나님의 계획에 영향을 주지 않는다. 그것은 오직 그 목적이 이뤄지는 과정에서 우리의 위치에만 영향을 줄 뿐이다. 우리는 그가 하시는 일에 참여할 수 있거나, 아니면 하나님이 일하시는 것을 옆에 서서 그저 지켜만 보거나 둘 중 하나다. 그 선택은 전적으로 우리에게 달렸다.

예수님의 탄생이야말로 '때가 찬 충만한 시간'의 전형적 예다. 이 세상의 기초가 놓이던 때부터 하나님은 예수님이 언제 탄생할 지를 계획하셨다. 이 계획의 한 부분으로서 세례 요한은 먼저 와서 예수님이 오실 길을 닦아 놓았다. 이처럼 인간 역사의 타임라인과 하나님의 영원한 목적이 교차되어 들어오는 것이다. 세례요한의 아버지인 사가랴와 예수님의 어머니 마리아는 동시에 카이로스의 시간으로 들어갔다.

"주의 사자가 그에게 나타나 향단 우편에 선지라 사가랴가 보고 놀라며 무서워하니 천사가 그에게 이르되 사가랴여 무서워하지 말라 너의 간구함이 들린지라 네 아내 엘리사벳이 네게 아들을 낳아 주리니 그 이름을 요한이라 하라 너도 기뻐하고 즐거워할 것이요 많은 사람도 그의 태어남을 기뻐하리니"(눅 1:11~14)

사가랴의 부인 엘리자베스는 결혼생활 내내 불임이었다. 이제는 그들 모두 자연적으로는 아이를 가지기에는 너무나 늙었다. 그러나 하나님은 지난 수십 년간의 그들의 기도를 잊지 않으셨다. 천사가 사가랴에게 놀라운 뉴스를 전했다. 아내가 아이를 낳는다는 것이었다. 그것은 그들에게 카이로스의 시간이었고 하나님의 초자연적인 능력이 풀어지는 시간이었다. 사가랴와 엘리자베스의 마음 속 갈망이 이제 막 이뤄지려 하고 있다. 그러면 사가랴는 이 카이로스의 순간에 어떻게 반응했는가?

"사가랴가 천사에게 이르되 내가 이것을 어떻게 알리요 내가 늙고 아내도 나이가 많으니이다."(눅 1:18)

사가랴는 제사장이었고 성경에 대해 아주 잘 알았다. 따라서 그는 천사가 그에게 말한 것이 이미 앞서서 이뤄진 적이 있다는 것을 알았다. 이번이 하나님이 가임기가 훨씬 지난 불임의 여성에게 아이를 준 첫 번째 사례가 아니었다. 하나님은 이미 그들의 조상 사라에게 똑같은 일을 행하셨다.

이런 사실을 알고, 또한 하나님의 성품을 알았기에 천사의 고지는 그에게 분명한 것으로 다가왔음에 틀림없다. 그러나 그는 천사의 메시지를 이성적 차원에서 받아들였다. 그래서 그는 믿음 없음으로 경탄하며 "아, 그래요"라고 받아들이지 않고 잠시 머뭇거렸다.

스가랴의 믿음 없음에 대한 하나님의 반응은 약속의 성취를 볼 때 까지 그를 말 못하게 하신 것이다.

9개월 후에 가족들이 그의 새로 태어난 아들의 이름을 어떻게 불러야 할지에 대해 논의할 때, 사가랴는 주님의 말씀을 기억했다. 그가 서판에 '요한'이라는 이름을 썼을 때, 그는 하나님의 뜻과 정렬될 수 있었다. 그 순간, 그의 혀가 풀어지고 그는 하나님의 자비로운 선물에 대해 아주 기뻐하는 무리들과 함께할 수 있었다.

사가랴가 천사를 만난 몇 달 후에 그의 친척인 마리아 역시 천사의 방문을 받고 놀라운 소식을 들었다.

"그에게 들어가 이르되 은혜를 받은 자여 평안할지어다 주께서 너와 함께 하시도다 하니 처녀가 그 말을 듣고 놀라 이런 인사가 어찌함인가 생각하매 천사가 이르되 마리아여 무서워하지 말라 네가 하나님께 은혜를 입었느니라 보라 네가 잉태하여 아들을 낳으리니 그 이름을 예수라 하라 그가 큰 자가 되고 지극히 높으신 이의 아들이라 일컬어질 것이요 주 하

나님께서 그 조상 다윗의 왕위를 그에게 주시리니 영원히 야곱의 집을 왕

으로 다스리실 것이며 그 나라가 무궁하리라 마리아가 천사에게 말하되

나는 남자를 알지 못하니 어찌 이 일이 있으리이까"(눅 1:28~34)

　마리아의 상황은 사가랴와는 달랐다. 왜냐하면 처녀가 잉태하

는 것은 전례가 없기 때문이다. 그래서 마리아는 아주 이성적인

질문을 한다. "어찌 이 일이 있겠습니까?" 그리고 그녀는 아주

비이성적인 대답을 듣는다.

　"천사가 대답하여 이르되 성령이 네게 임하시고 지극히 높으신 이의 능

　력이 너를 덮으시리니"(눅 1:35)

　이 시점에서 마리아는 한번 해보기로 결정한다. 만일 그녀가

자신의 마음을 통해 하나님이 말한 바를 진행시키려 노력했다

면 그녀가 천사를 통해 들은 바를 받아들일 방법이 없었을 것이

다. 그러나 하나님의 은혜로 마리아는 다른 응답을 하는 것을 선

택했다.

　"마리아가 이르되 주의 여종이오니 말씀대로 내게 이루어지이다."

　(눅 1:38)

　마리아의 대답은 하나님에 대한 그녀의 깊은 신뢰를 반영한

다. 신뢰는 우리가 신뢰하는 대상의 성품과 본성을 제대로 아는 것으로부터 나온다. 마리아의 단순한 믿음은 그녀로 하여금 가장 이상한 말씀을 받아들이도록 했다. 비록 그것의 결과로 그녀의 전 인생의 코스가 완전히 달라질 수 있었음에도 말이다.

이제 그녀의 이미지는 결혼을 약속한 정결한 처녀에서 혼외로 임신한 부정한 여인으로 추락하게 될 지경에 이르렀다. 그러나 마리아는 하나님의 성품과 본성에 대한 확고한 믿음이 있었다. 그래서 그녀는 단순하게 하나님의 말씀에 순종하고 그분이 모든 결과를 책임져 주실 것이라는 믿음을 지녔기에 그녀 자신을 완전히 그분에게 의탁할 수 있었다.

우리가 오늘날 이 땅에서 하나님의 왕국을 건설하는데 일익을 담당하기 원한다면 마리아와 같은 하나님에 대한 친밀한 지식과 신뢰가 우리의 기초가 되어야 한다고 나는 믿는다.

우리가 종말의 시대에 근접할수록 단지 가끔 '카이로스의 순간'을 경험하는 것이 아니라 하나님이 수천 년간 마음에 간직했던 목적의 성취를 위해 그분과 정렬되는 전적인 '카이로스의 시즌'에 돌입하게 된다.

하나님이 지금 하나님의 자녀(그의 영에 의해 인도되고 하나님의 시즌과 시세들을 분별할 수 있는 지혜로운 자)로 걸을 수 있도록 우리를 시험하시고, 가르치시며, 훈련시키시는 이유가 여기에 있다.

"무릇 하나님의 영으로 인도함을 받는 사람은 곧 하나님의 아들이라."

(롬 8:14)

"잇사갈 자손 중에서 시세를 알고 이스라엘이 마땅히 행할 것을 아는 우두머리가 이백 명이니 그들은 그 모든 형제를 통솔하는 자이며"

(대상 12:32)

에스더처럼

"데이빗, 이것 좀 들어봐."

기드온이 TV를 틀어 방송되는 뉴스를 보여주며 흥분해서 말했다. TV에서 앵커는 다음과 같이 놀라운 뉴스를 전하고 있었다.

"스스로 자신의 생애에서 가장 감동적인 순례여정을 하고 있다고 말한 장 크레티앙 캐나다 총리가 어제 캐나다인 생존자 모르데카이 로넨과 폴란드 아우슈비츠의 홀로코스트 현장을 공식 방문했습니다. 크레티앙 총리는 로넨이 이 악명 높은 죽음의 나치 수용소에서 생명을 잃은 어머니와 자매들을 위해 기도할 때 눈물을 흘렸습니다. 총리 일행의 아우슈비츠-비르케나우 나치 강제수용소의 방문은 감동으로 가득 찼습니다. 2차 대전에서 살육당한 대부분 유대인인 150만 명이 수용됐던 감옥과 가스실, 화장장을 보고 나서 크레티앙 총리는 전율하며 이렇게 말했습니다. '우리가 할 수 있는 유일한 말은 이 현장에서 일어났던 악한 일들을 기억해 다시는 그런 일이 이 땅에서 일어나지 않게 하는 것입니다. 우리 모두는 그 같은 일이 다시는 일어나지 않게 해야 할 엄숙한 책임을 지고 있습니다.' 이로써 장 크레티앙 총리는 죽음의 수용소인 홀로코스트를 방문한 첫 번째 캐나다 총리로 기록되었습니다. 총리는 홀로코스트 생존자인 모르데카이 로넨과 그의 아들이자 캐나다의 유대인 의회 의장인 모세를 대동하고 수용소를 방문했습니다. 다음 뉴스 전하겠습니다. 캐나다의 정치…"

기드온이 TV를 끄자 앵커의 소리는 사라졌다.

뉴스를 들으며 내 영이 마구 뛰기 시작했다. 11월의 개더링에서 전 참석자들이 하나님의 임재 하에서 울며 산고의 고통을 겪었을 때, 하나님은 내게 다음과 같은 약속의 말씀을 하셨지만 당시에는 그것이 무엇인지 완전히 이해되지 않았다.

"데이빗, 이 땅의 남은 자들이 에스더와 같이 나에게 그들을 나타내기 위해 일어났기에 나는 나의 페이버의 홀을 너에게 펼친다. 나는 너에게 내가 무엇을 할 수 있는지를 보여주려 한다."

에스더가 위기에 처한 이스라엘 백성들을 위해 갈라진 틈 사이에 서기로 결정, 자신의 생명은 아랑곳 하지 않고 왕 앞에 그녀를 나타냈을 때 하나님은 그녀가 왕과 함께 있을 수 있는 은총을 주셨다. 또한 하나님은 왕의 마음을 움직여 그가 과거의 두루마리를 조사해 모르드개가 왕국에 얼마나 신실하게 헌신했는지를 기억하게 했다. 그러면서 왕이 하나님의 마음에 정렬함으로써 멸절의 위기에 처한 유대인들을 보호하도록 했다. 에스더가 생명을 걸고 갈라진 틈 사이에 서기로 작정하며 하나님 앞에 자신을 나타냈을 때, 하나님은 그녀에게 놀라운 은총을 주신 것이다.

11월 모임에서 하나님은 캐나다의 중보자와 리더들 가운데 '남은 자'들이 이 나라를 위해 자신들을 나타내며 갈라진 틈 사이에 설 수 있도록 했다. 그리고 지금 하나님은 현재 '캐나다의 왕'이라고 할 수 있는 장 크레티안 총리를 아우슈비츠로 가게 해서 두루마리를 조사해 그에게 유대민족의 이야기가 기억나게 하셨다. 그리고 하나님은 심지어 그와 함께 아우슈비츠에 갈 모르드개까지 준비시키셨다. 이제 우리의 총리는 "캐나다는 유대민족을 보호하는데 함께 서겠다"고 선언, 문자 그대로 캐나다를 하나님의 마음에 정렬시켰다.

이제야 나는 왜 하나님이 우리더러 만일 2월까지 기다리면 뭔가를 잃을 것이라고 했는지를 이해하게 되었다. 나는 인간의 스케줄에 따라 하나님이 움직이시기를 기대하는 것이 아니라 하

> 나는 인간의 스케줄에 따라 하나님이 움직이시기를 기대하는 것이 아니라 하나님의 스케줄에 따라 우리가 움직이는 것이 얼마나 중요한지를 절실하게 깨달았다.

나님의 스케줄에 따라 우리가 움직이는 것이 얼마나 중요한지를 절실하게 깨달았다.

남은 자 (Remnant)

나는 또 다른 중요한 원칙도 배웠다. 이 땅에 하나님의 왕국이 수립되게 하기 위해, 혹은 우리 국가의 트랜스포메이션(변혁)을 위해 우리는 수많은 군중을 모을 필요가 없다는 것이다. 오직 하나님의 마음을 기쁘게 할 일정 수의 '남은 자'들만 있으면 된다. 만일 주님으로부터 부름 받은 이 시대의 남은 자들이 겸손과 깨어진 마음을 갖고 주님의 방향을 향해 기다리면, 주님은 그의 권위의 홀을 펼쳐 자신이 원하는 누구든지 자신의 뜻과 일치되는 지점으로 데려올 것이다.

나는 이 원칙-남은 자들이 전체를 위해서 서야 한다는 것-이 원수가 이 시대 교회에서 탈취한 중요한 것 가운데 하나라고 생각한다. 우리는 많은 숫자가 차지 않는다면 우리 사회에서 어떠한 영향력도 발휘할 수 없다고 생각한다. 수많은 사람들을 모아 함께 기도해야만 도시의 영적 기류가 변할 것으로 생각한다. 그럴지도 모른다. 그러나 숫자 때문만은 아니다. 변화는 오직 도시의 영적 기류를 변화시키려는 하나님의 뜻과 전략에 달려 있다. 우리의 힘은 숫자에 있지 않다. 이 혼탁한 세상에서 영이 말하는 바를 들을 수 있는 남은 자들의 집단적인 순종이야말로 우리의 힘이다.

"그가 내게 대답하여 이르되 여호와께서 스룹바벨에게 하신 말씀이 이러하니라 만군의 여호와께서 말씀하시되 이는 힘으로 되지 아니하며 능력으로 되지 아니하고 오직 나의 영으로 되느니라."(슥 4:6)

구약 전체를 통해 우리는 전체를 위한 승리를 풀어내기 위해 하나님이 작은 그룹의 남은 자들을 사용하신 것을 본다. 그러면 변화를 위해 필요한 남은 자들의 적정한 숫자는 몇 명인가? 그것이 규정된 숫자라고 생각하지 않는다. 각 상황에 따라 달라진다. 때로는 그 남은 자가 한 명일 정도로 작은 수일 수 있다.

"이 땅을 위하여 성을 쌓으며 성 무너진 데를 막아서서 나로 하여금 멸하지 못하게 할 사람을 내가 그 가운데에서 찾다가 찾지 못하였으므로 내가 내 분노를 그들 위에 쏟으며 내 진노의 불로 멸하여 그들 행위대로 그들 머리에 보응하였느니라 주 여호와의 말씀이니라."(겔 22:30)

그러나 많은 경우 남은 자는 일정 규모의 사람들일 가능성이 높다. 하나님은 사악한 통치자로부터 이스라엘을 보전하기 위해 이스라엘 내에 바알에게 무릎 꿇지 않은 7000명을 남겨두셨다. 소돔과 고모라에서는 하나님의 공의로운 심판의 고통으로부터 도시와 수천 명의 주민들을 보호하기 위해서 의인 10명이면 충분했다.

기드온의 시대에는 적군을 섬멸하고 나라 전체를 위한 승리를 얻기 위해서 300명의 용사가 지명되었다.

오순절 다락방엔 120명의 성도가 한 마음으로 모였다. 교회 안에 성령이 풀어지고, 이어지는 모든 세대를 위한 왕국의 새로운 모델을 출산하는데 다락방에 한 마음으로 모인 120명이면 충분했다.

그러면 왜 하나님은 굳이 전체가 아니라 일정 수의 남은 자를 선택하시는가? 왜 하나님은 몸의 전 부분이 그의 목적을 완수하게 하기 위해 모두 함께 나가도록 하지 않으실까? 우리로 하여금 승리는 우리 자신의 힘이 아니라 오직 하나님의 손으로부터만 나온다는 사실을 결코 잊지 않게 하려는 의도가 있기 때문이라고 생각한다.

"여호와께서 기드온에게 이르시되 너를 따르는 백성이 너무 많은즉 내가 그들의 손에 미디안 사람을 넘겨 주지 아니하리니 이는 이스라엘이 나를 거슬러 스스로 자랑하기를 내 손이 나를 구원하였다 할까 함이니라 이제 너는 백성의 귀에 외쳐 이르기를 누구든지 두려워 떠는 자는 길르앗 산을 떠나 돌아가라 하라 하시니 이에 돌아간 백성이 이만 이천 명이요 남은 자가 만 명이었더라 여호와께서 또 기드온에게 이르시되 백성이 아직도 많으니 그들을 인도하여 물 가로 내려가라 거기서 내가 너를 위하여 그들을 시험하리라 내가 누구를 가리켜 네게 이르기를 이 사람이 너와 함께 가리라 하면 그는 너와 함께 갈 것이요 내가 누구를 가리켜 네게 이르기를 이 사람은 너와 함께 가지 말 것이니라 하면 그는 가지 말 것이니라 하신지라 이에 백성을 인도하여 물가에 내려가매 여호와께서 기드온에게 이르시되 누구든지 개가 핥는 것 같이 혀로 물을 핥는 자들을 너는 따로 세우고 또 누구든지 무릎을 꿇고 마시는 자들도 그와 같이 하라 하시더니 손으로 움켜 입에 대고 핥는 자의 수는 삼백 명이요 그 외의 백성은 다 무릎을 꿇고 물을 마신지라 여호와께서 기드온에게 이르시되 내가 이 물을 핥아 먹은 삼백 명으로 너희를 구원하며 미디안을 네 손에 넘겨 주리니 남은 백성은 각각 자기의 처소로 돌아갈 것이니라 하시니"(삿 7:2~7)

그러면 남은 자들은 선택 받은 자로서 전체 몸을 구성하는 다른 사람들보다 어떤 면에서든 더 나은 사람들인가? 전혀 그렇지 않다. 하나님은 각 사람들에게 부여한 은사와 기름부음이 어떤 것인지 정확히 아신다. 그래서 그는 자신의 특별한 목적을 이루기 위해 각각의 남은 자들을 각각 다른 시기에 다른 목적으로 사용하실 것이다.

누가 남은 자이건 상관없다. 그들의 역할은 언제나 동일하다. 전체의 축복과 돌파를 위해 종으로서 '갈라진 틈 사이에 서는 것'(Standing in the Gap) 이다.

남은 자는 예수님이 누가복음 13장에서 언급하신 누룩과 같다. 반죽 덩어리(전체)가 없다면 누룩(남은 자)은 적절하게 기능하기 어렵다. 누룩이 없다면 반죽 덩어리는 목적한대로 부풀어 오르지 않을 것이다. 누룩이 보다 큰 반죽 덩어리를 위해 섬길 때, 두 개가 혼합되어 목적한 대로 전체가 되는 것이다. 그것이 하나님이 그의 몸(His body)을 창조하셨을 때에 조성해 주신 상호의존성의 아름다운 그림이다.

> 누가 남은 자이건 상관없다. 그들의 역할은 언제나 동일하다. 전체의 축복과 돌파를 위해 종으로서 '갈라진 틈 사이에 서는 것'(Standing in the Gap)이다.

우리는 11월 개더링에서 모두가 함께 일어나게 하기 위해 특별히 리더들 가운데 남은 자들을 세워주신 하나님의 자비하심에 감사했다.

그 후, 5개월 동안 우리의 기도는 단순했다. 이 국가적 회개라는 사명을 위해 남은 자로서 각 부분을 맡아야 할 모든 사람들이 하나님의 음성을 듣고 반응하며 그들의 순종에서 방해되는 어떤 것도 하지 않는 것이었다.

땅을 치라(Strike the Ground)

이틀 동안 위니펙 대학 체육관 바닥에서 2300명의 믿는 자들이 예배하며 주님을 기다렸다. 모두가 산고를 겪고 탄원하며 눈

홍콩 개더링에서 수많은 사람들이 하나님의 임재를 구하며 무릎꿇고 기도하고 있다.

물 흘렸다. 그러나 기대한 돌파는 일어나지 않았다. 우리는 그 이유를 알고 있었다. 우리는 이미 녹초가 됐고 다음 발걸음을 어떻게 해야 할 지에 대해 확신이 없었던 것이다.

"데이빗, 돌파가 없다면 우리는 어떻게 해야 하지?"

일단의 리더들이 세션 사이의 디서닝 미팅(분별의 모임)에서 나에게 물었다.

나는 "우리는 또 다른 개더링을 열어야죠"라고 말했다. "다음, 그리고 또 다음, 또 다음, 돌파가 일어날 때까지 땅을 쳐야죠.(Strike the Ground) 실패는 우리의 옵션 가운데 하나가 아닙니다. 우리는 우리 민족의 데스티니를 위해 싸우고 있습니다. 우리는 하나님이 우리의 희생을 받으셨다고 확신할 때까지 그만 둘 수 없습니다."

하나님의 나라가 이 땅에 세워지고, 우리가 거하는 나라와 지역, 도시의 묶인 것이 풀림을 받기를 원한다면 반드시 인내하며 기다려야 한다. 엘리사와 요아스 왕의 이야기가 이 인내의 중요성을 잘 보여준다. 엘리사는 왕에게 활을 주고 그에게 땅을 치라고 한다.

> "또 이르되 화살들을 집으소서 곧 집으매 엘리사가 또 이스라엘 왕에게 이르되 땅을 치소서 하는지라 이에 세 번 치고 그친지라 하나님의 사람이 노하여 이르되 왕이 대여섯 번을 칠 것이니이다 그리하였더면 왕이 아람을 진멸하기까지 쳤으리이다 그런즉 이제는 왕이 아람을 세 번만 치리이다 하니라."(왕하 13:18~19)

이것은 놀라운 스토리다. 왜냐하면 이 이야기는 전쟁은 싸움이 직접 벌어지는 전쟁터에서 승패가 갈리는 것이 아니며 군대의 강함에 따라 결정되는 것도 아니라는 것을 우리에게 보여주기 때문이다. 전쟁은 먼저 영 안에서와 선지자의 방에서 이기고, 지고가 결정된다. 또한 그 결과는 고린도후서 10장 6절 말씀을 이루려는 왕의 복종에 달려 있다.

"너희의 복종이 온전하게 될 때에 모든 복종하지 않는 것을 벌하려고 준비하는 중에 있노라."(고후 10:6)

　우리는 얼마나 자주 요아스 왕과 같이 땅을 치는 것을 잠시 하다 멈춰버리는가? 그러면서 하나님이 목적하신 완전한 승리대신 부분적 승리에 머무르는가? 원수를 완전히 격퇴시켜 땅을 취해야 하는데 거기까지 이르지 못한 경우가 얼마나 많은가? 실제로 교회사를 돌아보면 많은 신실한 신자들과 교회가 부분적 승리에 도취되다 이내 낙심과 환멸의 골짜기로 떨어져 고통을 당했다. 예수님은 불의한 재판관 앞에 선 과부의 비유를 통해 인내의 중요성을 가르치셨다.

"예수께서 그들에게 항상 기도하고 낙심하지 말아야 할 것을 비유로 말씀하여 이르시되 어떤 도시에 하나님을 두려워하지 않고 사람을 무시하는 한 재판장이 있는데 그 도시에 한 과부가 있어 자주 그에게 가서 내 원수에 대한 나의 원한을 풀어 주소서 하되 그가 얼마 동안 듣지 아니하다가 후에 속으로 생각하되 내가 하나님을 두려워하지 않고 사람을 무시하나 이 과부가 나를 번거롭게 하니 내가 그 원한을 풀어 주리라 그렇지 않으면 늘 와서 나를 괴롭게 하리라 하였느니라 주께서 또 이르시되 불의한 재판장이 말한 것을 들으라 하물며 하나님께서 그 밤낮 부르짖는 택하신 자들의 원한을 풀어 주지 아니하시겠느냐 그들에게 오래 참으시겠느냐 내가 너희에게 이르노니 속히 그 원한을 풀어 주시리라 그러나 인자가 올

때에 세상에서 믿음을 보겠느냐 하시니라."(눅 18:1~8)

하나님은 자신의 말씀을 굳게 붙잡고 결코 놓지 않는 우리의 견고한 믿음을 보신다. 그런 인내를 지닌 견고한 믿음의 사람을 쓰신다. 하다가 포기하면 결국 패배할 뿐이다.

내가 너희들의 희생을 받았도다

우리는 완벽한 결정을 하고 오후 세션을 위해 체육관으로 돌아왔다. 우리는 아무리 길게 걸릴지라도 하나님이 우리의 울부짖는 소리를 들으시고 그의 얼굴을 돌려 캐나다에 놀라운 은총을 주실 때까지 주야로 주님께 외치며 기도를 계속할 것을 다짐했다.

"아버지!"

나는 체육관 바닥에 온 몸을 바싹 엎드려 기도했다.

"우리는 이제 어떤 다른 것을 해야 할지 모릅니다. 당신이 말하신 모든 것을 행했습니다. 모든 부분에서 당신께 순종하려 진력했습니다. 당신이 명한대로 우리는 사람들에게 알렸고, 사람들은 반응했습니다. 우리는 울부짖었고, 탄원했고, 산고를 겪었습니다. 이제 우리는 당신이 우리에게 생기와 힘을 주실 때까지 결코 포기하지 않을 것입니다. 우리는 이 나라를 위한 당신의 목적을 붙잡고 인내하며 나아갈 것입니다.

하나님, 캐나다를 긍휼히 여겨 주십시오. 심판에서 우리를 구해 주십시오. 우리의 연약함을 도와주십시오. 우리는 어떻게 회개하며 탄원하며 산고를 겪어야 할지 모릅니다. 당신이 없다면 우리에게는 소망이 없습니다. 우리를 도와주소서. 우리에게 돌파를 주십시오."

몇 분이 지난 뒤, 갑자기 체육관에 성령의 신선한 바람이 밀려들기 시작했다. 우리의 외치는 기도와 영적 산고는 새로운 차원으로 높아졌다. 마치 우리의 모든 힘이 고갈됐다는 것을 아시는 하나님이 직접 우리를 뒤에서 밀어주고 계시는 것 같았다. 그 시간, 하나님은 자신이 캐나다에 부여한 목적과 사명이 출산되기를 간절히 바라고 계셨던 것이다.

그러다 갑자기 성령의 바람이 잠잠해졌다. 순식간에 달콤하고 부드러우며 분명한 하나님의 임재가 체육관에 임했다. 그동안 개더링의 어떤 시간에도 느낄 수 없었던 깊은 평화가 찾아왔다.

모든 리더들이 놀라움 가운데 서로를 쳐다봤다. 모두가 이렇게 묻는 것 같았다.

"우리가 지금 돌파를 한 것인가?"

무엇으로도 지금 느끼는 평화를 빼앗길 수 없다는 깊은 안식이 너무나 갑작스럽고 놀랍게 찾아왔다. 당시 우리는 체육관에 뒤

> 당신이 없다면 우리에게는 소망이 없습니다. 우리를 도와주소서. 우리에게 돌파를 주십시오.

죽박죽 모여 있었다. 우리는 먼저 우리 가운데 예언적 은사를 가진 사람들에게 하나님께 묻도록 했다. 이것이 잠시의 멈춤과 안식인지, 아니면 하나님이 우리의 울부짖음을 듣고 반응하셨는지를 묻고자 했다.

"내가 너희들의 희생을 받았도다."

여기저기서 예언적 말씀이 터져 나왔다. 모두가 그 말씀에 동의했다. 그 말씀을 확증하듯 우리 모두는 한 마음으로 다음에 해야 할 일을 깨달았다.

"가서 돌들을 놓아라."(Go and lay down the stones.)

기억하라!

위니펙 개더링을 시작하기 전, 하나님이 지시한 사항 가운데 하나는 참석자들이 각자의 지역의 돌들을 하나 혹은 여러 개를 모임 장소로 가져오라는 것이었다. 개더링이 끝날 때, 하나님이 우리의 울부짖음을 들으시고 캐나다를 향해 자신의 얼굴을 돌리셨다는 사실을 세대에서 세대를 이어 사람들이 기억할 수 있도록 각 지역에서 가져온 돌들을 기념 제단에 놓을 예정이었다.

그날 오후 수천 개의 기념 돌들이 위니펙 대학 체육관 옆의 임시 제단에 놓였다. 제단을 봉헌하는 시간에 주님은 나에게 기도를 인도토록 했다.

　　"주님, 우리는 당신과 천사들을 이날의 증인으로 삼습니다. 이 많은 돌들은 당신 앞에서 눈물 흘리고 회개했던 남은 자들의 신실함과 이 나라에 임할 심판의 자리를 은총의 자리로 전환시켜 준 당신의 긍휼하심을 영원히 증언할 것입니다."

　　우리가 기도를 끝냈을 때, 갑자가 위니펙의 하늘에 쌍무지개가 떴다. 그것은 우리로 하여금　노아의 시대에 다시는 땅에 심

개더링을 통해 캐나다의 영적·사회적 분위기가 변화되었다. 개더링에서 펼쳐진 캐나다 국기.

판의 홍수를 내리지 않겠다는 하나님의 약속을 생각나게 했다. 우리는 그 쌍무지개가 그날 이후로 캐나다가 변화될 것이라는 하나님의 시그널임을 알았다. 그것은 또한 주님이 부여해주신 캐나다 교회의 데스티니를 되찾기 위한 우리의 여정은 이제 막 시작되었지만 우리의 유업은 결코 빼앗기지 않을 것이라는 약속이기도 했다.

그날이 오면

시편 2장 8절에서 아버지는 그의 아들에게 이렇게 약속했다.

> "내게 구하라 내가 이방 나라를 네 유업으로 주리니 네 소유가 땅 끝까지 이르리로다."(시 2:8)

예수님은 열방을 그의 유업으로 삼으려 하신다. 각 나라와 사람들은 하나님 안에서 자신들만의 모습과 데스티니를 갖고 있다. 각자는 하나님의 영광의 아름다운 각 양상들을 반영한다.

하나님이 각 사람과 교회, 민족들에게 부여해준 특성과 데스티니들이 합쳐져 하나님의 뜻을 이뤄나가는 것이다. 연합할 때, 모든 사람들은 자신들이 지니고 있는 퍼즐 한 조각씩을 들고 하나님의 전체 그림판에 맞춰나가게 된다.

그의 몸 된 교회로서 우리의 책임은 그가 우리를 놓아 둔 어느 곳이건 주 예수 그리스도의 유업을 이어야 한다는 점이다.

"인류의 모든 족속을 한 혈통으로 만드사 온 땅에 살게 하시고 그들의 연대를 정하시며 거주의 경계를 한정하셨으니"(행 17:26)

우리가 사는 곳, 소속된 공동체는 우연히 정해진 것이 아니다. 하나님이 정해 주셨다. 하나님은 아담과 하와를 에덴동산에 살게 하셔 적의 공격으로부터 보호받을 수 있게 해주셨다. 우리 역시 하나님에 의해 그의 동산에 자리 잡게 되었다. 그것은 우리가 그의 유업의 한 부분이 될 때까지 보호를 받아야 하기 때문이다. 우리는 이 땅에서 반드시 하나님의 유업을 이어야 할 사람들이다.

나는 하나님이 모든 국가와 모든 사람들 안에 남은 자들을 세워두셨다고 진심으로 믿는다. 그들은 어떤 대가를 치르더라도 이 땅에 하나님이 거할 처소(Resting Place)가 확립되는 것을 보기를 갈망하는 자들이다.

이런 남은 자들은 그들 자신이 스스로 결정을 내리는 권리를 포기한 사람들로 인간적인 모든 것(인간의 계획과 어젠다, 스케줄 등)을 내려놓을 것이다. 그들은 하나의 연합된 몸으로서 주님의 일을 행해 나간다. 자신들이 소속된 국가를 향한 하나님의 소원을 받고, 이루기 위해 겸손함과 깨어진 마음으로 하나님의 얼

주님의 십자가만이 우리를 하나가 되게 한다. 개더링에서 중화권 소수민족 크리스천이 각자의 막대기를 합쳐 십자가를 만들고 있다.

굴을 구한다.

그들은 평생 '종의 소명'을 담당한다. 자기를 복종하며 순종하는 삶을 산다. 그들의 나라가 하나님이 부여해 주신 데스티니를 이뤄나가는 것을 보기위해 하나님의 인도하심 아래에서 모든 발걸음을 내딛는다.

그리고 그들은 하나님의 영광이 교회를 채우고, 교회를 통과해 그들의 국가를 채우는 것을 보기까지 모든 사람들을 위해 기꺼이 갈라진 틈 사이에 설 것이다.

이러한 믿는 남은 자들이 이 땅 국가들마다 일어나 한 목소리로 "뜻이 하늘에서 이뤄진 것처럼 땅에서도 이뤄질 것이다"라고 외칠 시간이 왔다.

나는 전 세계 각 나라의 수많은 믿는 자들 가운데 나와 동일한 갈망을 가진 사람들이 있다는 사실을 알고 있다. 이들은 자신들이 속한 교회에 주님의 거할 처소를 만들어 그분의 영광을 보기 원한다. 그래서 그 영광의 광채가 교회와 도시, 국가, 열방을 비추기를 소망한다.

내가 캐나다에서의 긴 여정 가운데 주님이 우리에게 보여주신 왕국의 원칙을 나눈 것은 이 글을 읽는 독자들 역시 각자의 국가에게 주어진 하나님의 유업을 잇기 위해 분투, 노력하기를 바라는 마음에서다. 하나님이 함께 해 주셨던 영광스런 기간이 있다. 부디 우리들의 이야기를 통해 하늘의 계시와 영감의 스토리들을 발견해 잠자고 있는 각자의 영을 깨워 완벽한 승리를 거둘 때까지 결코 포기하지 말고 '땅을 치기' 바란다.

나는 소망한다. 세대에서 세대를 이어 울려 퍼진 주님의 기도가 완벽하게 성취되는 영광의 날이 올 것을. 그날이 조만간, 바람같이 우리에게 오리라 믿는다.

그날이 오면, 하늘에서 부어주시는 초자연적인 사랑 아래 모든 자들이 하나가 될 것이다. 더 이상 분열은 없다! 그날에는 한 머리 되시는 그리스도께 복종하는 하나의 몸만 있을 것이다. 그리고 우리 주 예수님은 마침내 그분을 밝히 드러내실 것이다. 그

때, 우리 모두는 이 세상을 위해 죽으신 대속의 사랑을 깨달을 것이다. 하나 된 우리는 주님이 얼마나 우리를 사랑하시고 계시는지를 밝히 알아 그 사랑을 전하지 않으면 견디지 못할 정도가 될 것이다.

그날이 오면, 뜻이 하늘에서 이뤄진 것처럼 땅에서도 이뤄질 것이다.

이것이 나의 소원이며 나의 간증이다.

03
데이빗 데미안의

메세지

하나 됨의 비밀

"아버지여, 아버지께서 내 안에, 내가 아버지 안에 있는 것 같이 그들도 다 하나가 되어 우리 안에 있게 하사 세상으로 아버지께서 나를 보내신 것을 믿게 하옵소서 내게 주신 영광을 내가 그들에게 주었사오니 이는 우리가 하나가 된 것 같이 그들도 하나가 되게 하려 함이니이다 곧 내가 그들 안에 있고 아버지께서 내 안에 계시어 그들로 온전함을 이루어 하나가 되게 하려 함은 아버지께서 나를 보내신 것과 또 나를 사랑하심 같이 그들도 사랑하신 것을 세상으로 알게 하려 함이로소이다."(요 17:21~23)

나는 요한복음 17장을 읽을 때마다 항상 마음이 혼란스러워진다. 특별히 "하나가 되게 해 달라"는 '예수님의 기도'를 묵상하다 보면 기도 내용과 현실과의 괴리를 심각하게 느낀다. 우리는 예수님의 이름으로 기도한 모든 것이 응답될 것을 기대하고 확신한다. 만일 우리가 '예수님의 이름으로' 기도한 내용이 응답될 것을 확신한다면 예수님 자신이 직접 기도한 것이 응답되지 않으리라고는 상상할 수 없다. 예수님은 하나님에게 "내게 주신 영광을 내가 그들에게 주었사오니 이는 우리가 하나가 된 것 같이 그들도 하나가 되게 하소서"라고 기도하셨다. 이 기도는 반드시 응답된다! 예수님의 기도이기 때문에. 그러므로 우리는 예수님의 기도대로 하나가 되는 것이 마땅하다.

그러나 내가 보기에 예수님의 기도는 현실적으로 실현 불가능한 기도다. 나는 이렇게 생각하지 않을 수 없다. '아니, 한 교회 안에서도 서로가 하나 되기 힘든데 어떻게 그리스도의 몸 전체가 하나가 될 수 있다는 말인가. 심지어 같은 교단 안의 교회들조차도 하나 되기 힘든데 어떻게 그리스도의 몸의 전 지체들이 하나가 될 수 있나?'

그런데 예수님은 하나 됨의 기준치를 훨씬 더 높게 끌어 올리셨다. '내가 그들 안에 있고 아버지께서 내 안에 계신 것 같은 정도'로 긴밀하게 하나가 되어야 한다는 것이다. 성부 하나님과 성자 예수님은 완벽한 하나 됨의 관계를 유지하신다. 이 지점에서 나는 정말 심각하게 묻고 싶다. "이 글을 읽는 분들은 여러분들과 제가 성부 하나님과 성자 예수님의 관계처럼 하나가 될 수 있다고 믿으시나요? 여러분들은 하나님과 예수님이 하나 된 것과 같은 정도로 교회 내 각 지체들과 하나 됨을 이뤄나갈 수 있나요?" 물론 모두에게 원함은 있지만 현실이 따라와 주지 않는다. 내가 발견한 것은 그것은 거의 불가능하다는 사실이다.

그래서 나는 주님께 간구했다.

"하나님, 부디 저에게 알려주세요. 어떻게 아버지와 아들 사이에 그 같은 긴밀한 연합이 가능했나요? 아버지와 아들이 한 테이블에 앉아 모든 신학적 견해를 다 나눈 다음에 서로 동의하기로 결정한 것인가요? 아니면 하나 됨을 가져오게 할 프로젝트라도 함께 하셨나요?"

나는 정말 알고 싶었다. 그래서 심각하게 이 문제를 가지고 씨름했고 주님께 계속 구했다. "주님, 저에게 그 비밀을 알려주셔야만 합니다. 도대체 어떻게 아버지와 아들 사이에 하나 됨이 가능했습니까?"

하나 됨은 겸손함 가운데 이뤄진다

우리는 삼위 하나님이 하나인 것을 당연히 여긴다. 그런데 성부와 성자, 성령은 한 분이 아니라 하나 됨을 이룬 것이다. 삼위가 함께 모여 하나가 되셨다. 어떻게 이 일이 일어났을까? 나는 그 비밀을 알기 위해 금식하고 기도하며 주님께 부르짖었다. 어느 날, 주님이 "빌립보서 2장을 읽어 보아라"고 말하셨다.

"너희 안에 이 마음을 품으라 곧 그리스도 예수의 마음이니 그는 근본 하나님의 본체시나 하나님과 동등 됨을 취할 것으로 여기지 아니하시고 오히려 자기를 비워 종의 형체를 가지사 사람들과 같이 되셨고 사람의 모양

으로 나타나사 자기를 낮추시고 죽기까지 복종하셨으니 곧 십자가에 죽으심이라."(빌 2:5~8)

> 말씀이 갑자기 레마로 다가오면서 새롭게 깨달아진 것이 있었다. 바로 '하나 됨은 겸손함 가운데 이뤄지는 것'이라는 사실이다.

빌립보서 2장을 읽고 갑자기 하나 됨의 비밀을 깨달았다. 예수님은 하나님과 동등한 분이시다. 그러나 스스로 하나님과 동등 됨을 취하지 않고 겸손히 낮춰 사람의 모양을 입고 오셨다. 그런데 예수님은 보통의 사람이 되신 정도가 아니라 십자가에 달려 죽기까지 자신을 낮추고 던지셨다. 수없이 읽은 성경 말씀이지만 주님의 명대로 읽으니 그 말씀이 갑자기 레마로 다가오면서 새롭게 깨달아진 것이 있었다. 바로 '하나 됨은 겸손함 가운데 이뤄지는 것'이라는 사실이다. 예수님은 자신을 지극히 겸손한 상태로 낮추셨다. 그분은 "인자는 자기 원하는 대로 아무것도 할 수 없다"고 고백하셨다. 예수님은 어느 것도 스스로 하시지 않았다. 오직 아버지께서 하시는 것만을 보고 그대로 하셨다. 성자 예수님이 자기 자신을 성부 하나님께 완전히 순복한 것이다. 거듭 말하지만 예수님은 원래 하나님과 동등하신 분이시다. 그러나 그분은 그 동등됨을 자기 것이라고 주장하지 않으셨다. 철저한 순종 가운데 하나님이 하시는 것만 하기로 결정하셨다.

예수님은 제자들에게 "너희에게 지금 말하는 것은 내가 스스로 하는 것이 아니라 아버지의 말을 듣고 그대로 말하는 것"

이라고 하셨다. 아들이신 예수님은 어떤 것도 스스로 원하는 대로 하시지 않으셨다. 그런데 생각해보라. 도대체 그분이 못 하실 일이 어디 있겠는가? 그분은 하나님이시다! 원하는 것은 뭐든지 다 하실 수 있는 분이시다. 그러나 예수님은 그렇게 하지 않기로 선택하셨다. 아버지가 하시는 것만 하기로 스스로를 낮추셨다.

인간에게는 자유의지가 있다. 스스로 결정을 내릴 권리가 있다는 말이다. 뭔가를 주도적으로 할 수 있는 권리가 우리에게 있다. 만일 우리가 이 자유의 권리를 내려놓는다면 우리는 인간됨을 포기하는 것이다. 그런데 하나님이신 예수님은 인간으로 내려오셔서 그 인간됨의 권리까지 포기하셨다. 그분은 자기의 원함대로 주도권을 쥐고 어떤 일도 하시지 않으셨다. 그렇게 하실 수도 없으셨다. 왜냐하면 아버지께 전적으로 순복했기 때문이다.

여기에 연합의 비밀이 있다. 우리가 그리스도의 몸 가운데서 뭔가를 주도적으로 할 수 있는 권리를 내려놓지 않는 한 진정한 연합은 올 수 없다. 서로가 아버지께 순복하지 않은 가운데 인간적인 방법으로 연합을 이룰 수 없다.

제자들은 다락방에서 무엇을 기다렸나?

우리의 연합은 그저 서로 하나가 되기로 동의하는 차원이 아니다. 어떤 부분에서 우리가 절대로 동의하지 못하는 것들이 있다. 동의의 여부와는 상관이 없다. 동의하지 못함에도 불구하고 누군가가 뭔가를 주도적으로 하려는 권리를 내려놓을 때, 그리고 나도 그런 권리를 내려놓을 때, 우리 모두는 오직 아버지의 음성에만 귀를 기울일 수 있게 된다. 그때, 완전한 연합이 이뤄진다. 우리가 주도적으로 뭔가를 하겠다는 입장을 견지하는 한 진정한 연합은 결코 올 수 없다.

이 일이 바로 사도행전 2장에서 있었던 일들이다. 사도행전 2장은 우리들에게 연합이 무엇인지에 대해서 보여주고 있다. 제자들은 능력이 오기를 기다리고 있었다. 예수님은 제자들로 하여금 하던 모든 것을 멈추게 하셨다. 그분은 "위로부터 오는 능력을 받기까지는 모든 것을 멈추고 다락방에 가서 기다려라"고 말씀하셨다. 제자들에게는 이미 병든 자들을 치유하는 능력이 있었다. 귀신을 쫓아내는 능력이 이미 있었다. 실제로 성경에는 귀신을 쫓아낸 이야기들이 가득하다. 또한 성경에는 사람들의 이름이 생명책에 기록된 이야기들이 여러 번 나온다. 예수님은 제자들에게 "너희의 이름이 하늘의 생명책에 기록된 것으로 인해 기뻐하라"고 하셨다.

그렇다면 제자들은 다락방에서 도대체 무엇을 기다린 것인가? 물론 그들은 성령님을 기다렸다. 그런데 그 성령님은 어떤 일을 하러 오시는가? 제자들에게 병든 자를 치유할 능력을 주려 오시는 것인가? 그런데 이미 제자들은 그 일들을 다 해보았다.

귀신을 쫓아낼 능력을 주시려고 오시나? 이미 제자들은 그 전에도 귀신을 쫓아냈다. 그러면 도대체 이 제자들은 무엇을 기다렸나? 왜 예수님은 제자들이 하던 모든 일들을 다 멈추게 하셨나?

그것은 '그리스도의 몸 안에 있는 자들의 하나 됨을 출산하기' 원하셨기 때문이다. 성령님이 이제 임하시는 것은 개개인을 따로 다스리기 위함이 아니었다. 바로 '한 머리 아래에 있는 한몸 됨의 능력'을 부여하기 위해서였다. 성령님은 이 땅 가운데 하나님의 나라를 세우기 위해 오시는 것이었다.

교회의 출발

비밀을 말하겠다. 분열된 왕국은 결코 제대로 설 수 없다. 예수님은 다락방에 모인 제자들을 하나 되게 하셨다. 그럼으로써 각자의 악기를 연주하던 그들은 오케스트라와 같이 조화를 이루게 되었다. 어떤 성경 번역본에서는 '함께'(together)라는 단어가 두 번 쓰였다. 왜 두 번인가? 그것은 이들이 '한 장소'에서 함께 모였고, 모인 그들이 '하나 된 마음'을 지니게 되었기 때문이다. 이것이 바로 교회의 첫 출발이었다.

성령님은 능력이 아니다. 방언도, 은사도 아니다. 물론 이 모든 것도 포함하지만 성령님은 본질적으로 이 땅 가운데 거하는 하나님이시다. 삼위(三位) 중 한 위를 이루시는 성령님께서 예수님 승천 이후 이 땅에 내려오신 것이다. 예수님은 승천하신 후 더 이상 이 땅에 거하시지 않으신다. 성부 하나님도 하늘에 계신다. 그렇다면 이곳에 함께 하시는 삼위 중 한 분은 누구신가? 성령님이시다. 지금도 성령님은 우리와 함께 하신다!

비밀을 말하겠다. 분열된 왕국은 결코 제대로 설 수 없다. 예수님은 다락방에 모인 제자들을 하나 되게 하셨다.

교회는 한 머리 아래 한몸을 이룸으로써 이 땅에서 출발되었다. 이것은 교향악단과 같다. 교향악단의 모든 연주자들이 똑같은 연주만 한다면 어떻게 되겠는가? 교향악단으로서 기능을 하지 못한다. 교향악단의 아름다움은 다양한 악기들이 함께 연주되는 것이다. 그런 다양성 외에 교향악단을 강력하게 만드는 것은 모든 연주자들이 자기가 원할 때마다 악기를 연주하려는 자신의 권리를 내려놓는 행위다. 교향악단에 있는 단원들은 아무 때나 자기가 원하는 대로 연주할 수 없다.

만일 악기가 있다고 해 보자. 그것은 내 악기다. 혼자서 연습할 수 있는 한 최선을 다해 연습해야 한다. 그러나 교향악단에 함께 모이게 되면 먼저 연주자들이 각각 자신들의 권리를 내려놓아야 한다. 아무 때나 원할 때마다 내가 연주할 수 있는 그 권리를 지휘자 앞에 내려놓아야 한다. 그 지휘자가 성령님이시다. 만일 우리가 그 권리를 내려놓지 않으면 우리가 가진 최고의 소리를 내면서 연주할 수 없게 된다. 결국 전체 교향악단의 음악을 망치게 된다. 자신만 잘못하는 것이 아니라 전체 교향악단의 활동에 큰 손상을 가져온다.

교향악단 단원들은 먼저 자신들이 원할 때마다 악기를 연주할 수 있다는 권리를 내려놓아야 한다. 다음으로는 자신의 유익만이 아니라 교향악단 전체의 유익을 위해서 연주해야 한다. 이것이 훌륭한 교향악단을 만들기 위한 두 가지 중요한 전제다. 내가 기꺼이 교향악단의 한 부분이 되어야 하는 것이다. 이것은 하나님의 능력이 이 땅 가운데 임하는 것과 같은 원리다.

바벨탑

사도행전 2장에서 일어난 일은 창세기 11장의 사건을 뒤집어놓은 것이다. 창세기 11장에는 다른 유형의 연합이 나온다. 사람들은 바벨탑을 쌓기 위해 하나 되어 모인다. 이들은 한 생각과 일치된 행동을 하게 된다. 그러나 그들은 각자가 자기 자신들의 이름을 높이려했다. 자기 자신들을 위해 바벨탑을 쌓아 그 이름을 높이 떨치려 했다. 하나님은 하늘에서 사람들 안의 '불의한 연합'을 보셨다. 그러면서 그 연합이 그들을 파멸시킬 것이라는 사실을 아셨다. 그들은 자기 자신들의 이름을 내기 원했던 것이다.

"자, 성읍과 탑을 건설하여 그 탑 꼭대기를 하늘에 닿게 하여 우리 이름을 내고 온 지면에 흩어짐을 면하자 하였더니"(창 11:4)

하나님은 그때 생각하셨다. '이 연합을 통해서 이들에게 불가능한 것이 없게 되겠구나. 앞으로 이들은 자신들이 결정하는 것은 무엇이든 얻게 되겠구나.'

하나님은 이들을 보호하기 원하셨다. 바벨탑을 쌓으려던 그들의 연합이 파괴적인 것이었기 때문이었다. 그것은 아주 이기적인 욕망으로부터 나온 것이었다. 그래서 하나님께서는 이들을 따로따로 분리시키셨다. 언어를 흩으셔서 서로 소통하기 힘들게 하셨다. 그들의 연합을 깨신 것이다. 그것은 보호의 행동이셨다. 인간들이 자신들을 위해 이름을 세우는 것이 너무나 위험한 일이었기 때문이다. 연합은 강력하다. 성령에 의한 연합이건, 사탄의 영향력 아래에서의 연합이건 하나 됨은 강력한 힘을 발휘한다.

하나님은 땅 위의 인간들을 보시고, "저들이 자기 이름을 높이는구나. 자기 교회를, 자기 교단의 이름을 높이는구나"라며 탄식하셨다. 하나님은 자신들을 위해 이름을 세우려는 교회 리더십들을 보시고 "이거는 너무 위험하다"고 하신다. 사람들이 서로 연결하려 하지만 잘 되지 않는 이유가 여기에 있다. 주목해야 할 점은 이 땅의 분열이 모두 사탄으로부터 오는 것만은 아니라는 사실이다. 때로는 우리가 자신들을 위해 이름을 세우려 할 때 하나님은 분열을 허락함으로써 우리를 보호하신다.

사도행전 2장에서 다락방에 모인 사람들은 자기 자신들을 위해 이름을 세우려는 사람들이 아니었다. 그들은 오직 하나님께만 영광을 돌리려는 사람들이었다. 이들이 하나가 되어 모였다. 연합의 증거로 이들에게 방언이 주어졌다. 이때 주어진 성령의 방언들은 하나님께 영광을 돌리는 도구였다. 창세기에서 하나님이 바벨탑을 쌓으려던 사람들에게 각자의 방언을 주어 소통하지 못하고 흩어지게 하신 것은 이들이 연결되지 않도록 하기 위함이었다.

이것이 사도행전 2장에 나타난 교회의 시작이었다. 이 땅에 하나님의 나라가 세워졌다.

마가의 다락방에 모였던 120명의 제자들이 하나가 되자 바로 수천 명이 구원을 얻는 일이 생겼다. 성경은 "이들이 하나가 되어 모였다"라고 말한다.

분열된 나라는 결코 설 수 없다

우리는 지금 하나님께서 오래전에 교회 안에 세워두셨던 그 일을 다시 보는 순간에 와 있다. 우리는 지금 개혁의 때, 변혁의 때에 서 있다. 그것은 마틴 루터 때부터 시작되었다. 루터는 행위로서가 아니라 오직 예수 그리스도를 통해서만 구원을 받는다는 사실을 선포했다. 우리가 주님의 은혜로 인해 값없이 구원을 얻었다는 것이다. 그래서 재세례파(아나뱁티스트)에서는 더이상 유아에게 침례를 하지 않았다. 오직 개인이 직접 자신의 의

사에 따라 침례를 받음으로써 구원을 얻는다는 것을 선포하기 시작했다. 찰스 피니는 '주님 앞에서의 성결'이라는 놀라운 진리를 선포했다. 그 선포를 듣는 사람들에게서 영적 회복이 일어났다. 개혁의 때마다 개혁가들이 일어났지만 사실은 주님이 그들을 개혁의 주체로 쓰신 것이었다. 우리 인생의 주어는 오직 하나님이시다. 하나님이 하셨다! 주님은 계속되는 회복 운동을 통해 우리로 하여금 구원을 얻게 하셨고, 성결케 하셨고, 예배와 기도 운동들이 일어나게 하셨다.

이제 개혁의 끝부분에서 우리는 주님의 몸이 하나 되는 것을 보는 순간에 와 있다. 이것이 바로 사도행전 2장의 모습이었다. 사실 사도행전 2장에서부터 교회는 하나 됨의 회복 가운데 들어오고 있었다. 한 머리 안에서 한몸을 이루게 된 것이다. 이 일은 오직 하나님이 그분의 은혜로만 이룰 수 있는 기적이다. 그래서 예수님이 말씀하셨다. "아버지께서 내게 주신 영광을 이들에게 주었습니다. 저들로 하나가 되게 해 주십시오."

우리는 하나님의 임재, 쉐키나(Shekinah)의 영광 가운데 들어가는 시기에 와 있다. 이때 중요한 것은 우리 자신을 주님 앞에 순복하는 것이다. 우리가 스스로 결정할 수 있는 권리를 주님께 양도하는 것이다. 하나님의 주권 앞에 내 삶의 모든 권리를 내려놓을 때, 하나님은 당신의 임재 안에서 우리를 하나 되게 하실 것이다. 이것이 바로 하나님의 나라다. 이 하나님의 나라에서 우리는 하나님의 임재가 머무는 한 가족이 된다. 이제는

각국의 헌신된 뮤지션으로 구성된 개더링 연합 찬양 팀. 각자의 소리를 내려놓을 때, 전체가 한 목소리 (One Voice)로 멋진 찬양을 올려 드릴 수 있다.

성령이 오셔서 거하시며 다스리신다. 한 명씩 따로따로가 아니라 모두가 하나가 된다. 하나님의 다스림을 받는 하나 된 가족이 되는 것이다.

분열된 나라는 결코 설 수 없다!

지금 시대에 하나님께서 한국 가운데 나타내시고자 하는 일이 바로 이것이다. 하나님은 그분의 임재 가운데 이 땅을 가로막은 모든 벽들을 허물어뜨리실 것이다. 하나님의 임재로 들어갈 때 이 땅에 만연된 분열의 벽, 남북의 벽, 동서의 벽이 무너질 것이다. 주님은 불가능한 일을 하시는 분이시다. 한국 땅에서 한 머리 아래 한몸이 이뤄지는 것이야말로 기적 중의 기적이다. 그런데 주목하시라. 하나님이 지금 그 기적을 행하시고 계시다는 사실을. 하나님은 지금 여기저기에 있는 주님의 몸 된 교회들 가운데서 이 일을 행하고 계신다. 그분은 지금 자신들의 권리를 기꺼이 내려놓고자 하는 사람들을 모으고 계신다. 이 땅에 자신의 나라를 세우기 위해서 말이다.

권리 이양, 어려운 일을 쉽게 하는 비밀

하나님의 나라는 가족이다. 연합되어진 가족이다. 하나님의 임재로 충만한 가족이다. 하나님은 연합된 가족들에게 '어려운 일을 쉽게 하도록' 요구하고 계신다. 우리의 권리를 내려놓고 하나님께 순복할 때 어려운 일을 쉽게 할 수 있다. 일을 쉽게 하기 위해서는 나의 결정할 수 있는 권리를 내려놓고 하늘 아버지께 여쭈면 된다. "아버지, 뭘 원하세요? 저는 주도적으로 혼자서 할 수 없습니다. 아버지께서 말해주세요. 그대로 하겠습니다." 삼위 하나님이신 예수님도 자신의 결정권을 내려놓고 친히 모퉁이 돌이 되셨다.

> "너희는 사도들과 선지자들의 터 위에 세우심을 입은 자라. 그리스도 예수께서 친히 모퉁이 돌이 되셨느니라."(엡 2:20)

우리 모두는 '산 돌'(Living Stone)이다. 주님께서 그분의 손으로 우리를 취하셨다. 나의 선택, 우리의 선택이 아니라 하나님이 선택하신 것이다. 하나님은 우리를 선택하셔서 모퉁이 돌 되시는 예수님께 연결시키신다. 우리가 하나님의 임재가 거하시는 거룩한 성전을 이루도록 함께 연결시키시는 것이다.

예수님이 그분의 권리를 내려놓으셨을 때, 아버지께서 모든 이름 위에 예수님의 이름을 높이셨다. 왜냐하면 예수님이 결정할 수 있는 권리를 내려놓고 겸손을 선택하셨기 때문이다. 만일 예수님이 그 권리를 포기하셨다면, 그리고 우리가 모퉁이 돌 되시는 예수님께 연결되어지기를 원한다면, 선택을 마음대로 할 권리가 우리에게 있을 수 없다. 예수님이 포기하심으로 모퉁이 돌이 되셨다면 우리 역시 포기하며 그 모퉁이 돌에 접속되어야 마땅하다. 우리는 예수님의 모퉁이 돌에 연결됨으로써 한 건물을 이루는 것이다. 그때, 주님께서 기적을 행하신다.

우리는 주님의 임재 없이 결코 하나 됨의 여정을 걸을 수 없다. "아버지, 내가 저들에게 이 영광을 주었습니다"라는 예수님의 말씀대로 하나 된 한국이 이 놀라운 주님의 영광을 경험하게 될 것이라고 믿는다. 그 영광 앞에서 우리 모두는 기쁨으로 모든 권리를 내려놓게 될 것이다. 다른 사람들과 함께 우리의 모든 권리를 내려놓음으로써 성령의 인도하심을 따를 때, 진정한 형통이 찾아온다.

우리는 그 내려놓음, 권리 이양을 시도했다. 정말로 하나님의 나라를 보기 원하는 마음이 우리 안에 있었기에 시도할 수 있었다. 물론 쉽지 않았다. 그러나 우리는 시도하고 시도했다. 그러다보면 충만한 시간의 때가 이른다. 그때 역사가 이뤄진다. 그때까진 인내로써 시도해야 한다. 우리의 문제는 인내하지 못하는 것이다. 한 두 번 하다가 포기하고

> 예수님이 포기하심으로 모퉁이 돌이 되셨다면 우리 역시 포기하며 그 모퉁이 돌에 접속되어야 마땅하다.

만다. 그러니 역사가 이뤄질 수 없다. 그저 그런 인생을 살고 마는 것이다. 이것이야말로 인생의 비극이 아닌가.

예수님께서 제자들을 다락방에 모으셨다. 그리고 그들로 하여금 기다리게 했다. 제자들이 성령님을 기다렸는가, 아니면 성령님이 제자들을 기다렸는가? 물론 제자들은 성령님을 기다렸다. 그러나 더 중요한 것은 성령께서 제자들이 하나가 될 때까지 기다렸다는 사실이다. 그들 가운데 하나 됨이 일어났을 때, 성령께서 그들에게 임하셨다. 그리고 하나님의 나라가 세워졌다. 음부의 권세가 이길 수 없는 교회가 세워진 것이다. 이것이 사도행전의 첫 시작이었다. 이것은 마지막 이야기가 아니라 교회의 첫 시작의 이야기였다.

하나님이 처음 교회를 시작하실 때처럼 지금 우리를 회복시켜가고 계신다. 그분의 나라가 세워지면 하나님은 변화의 촉매제가 될 수 있는 소수의 남은 무리들을 세우신다. 120명의 제자들이 마가의 다락방에 함께 모여 성령님을 기다렸다. 그들이 하

나가 되자 성령께서 임하셨다. 다락방에서 하나님의 출산이 이뤄진 것이다. 그 출산이 이뤄지자 이제는 모든 사람들에게 구원의 기쁜 소식을 나눠줄 수 있게 되었다. 결국 수천 명이 구원을 받았다.

성경은 이들이 하나 되어 주님을 예배했다고 기록하고 있다. 일단 출산이 되면 같은 마음을 지닌 모든 사람들은 이미 출산되었던 것을 받아들이게 된다. 구원의 역사가 자연스럽게 이뤄지는 것이다. 하나님은 지금도 모든 나라 가운데 남겨진 자들을 통해 그분의 나라를 출산하고 계신다.

어둠의 왕국을 이기는 하나님의 나라

그 나라는 무엇인가? 가족이다. 서로 사랑하고 돌보는 가족이다. 서로 존중히 여기고 하나 됨 가운데 오직 아버지의 음성만을 들으려는 가족이다. 이것이 가능한가? 나는 그렇게 되는 것은 불가능하다고 생각했다. 그러나 120명의 유대인들에게 가능했다면 그 일은 어디에서나 일어날 수 있다. 그들이 하나가 되었을 때, 하나님은 교회에게 능력을 주셨다. 그 능력은 귀신을 내어 쫓고 기사와 표적을 행하는 정도가 아니다. 그 일들은 이미 복음서에서 일어난 일들이다. 그러나 하나님은 더 큰 무엇인가를 기다리신다. 왕국이 왕국에 맞서 싸우는 것이다. 어두움의 왕국은 분열되어 있지 않다. 마귀는 자신에게 속한 자들에게 선택할 자유를 주지 않기 때문이다. 우리가 사탄을 따라간다면 우리에게는 선택권이 없다. 자신의 백성들에게 선택할 권리를 주는 영은 성령님 한 분 밖에 없다.

어둠의 왕국을 이길 수 있는 유일한 왕국은 하나님의 나라다. 어둠의 왕국을 파쇄하기 위해 우리는 하나가 되어야한다. 왕국이 분열되어질 때, 그 나라는 제대로 설 수 없다.

앞으로 전 세계에서 그동안 보지 못했던 돌파가 한국 땅에서 일어날 것이라고 나는 믿는다. 여기에 대해 내 마음 안에는 조금의 의심도 없다. 그 일, 하나 됨을 통한 돌파가 한국 땅에서는 불가능해 보이기 때문에 더욱 그렇다. 인간의 힘으로는 불가능한 그 자리에 하나님이 오신다. 하나님이 일하신다. 하나님이 하시면 된다! 그 일이 불가능해 보이면 보일수록 하나님의 영광은 더욱 크게 나타날 것이다. 요한복음 17장을 또 한 번 인용하고 싶다.

"아버지여, 아버지께서 내 안에, 내가 아버지 안에 있는 것 같이 그들도 다 하나가 되어 우리 안에 있게 하사 세상으로 아버지께서 나를 보내신 것을 믿게 하옵소서. 내게 주신 영광을 내가 그들에게 주었사오니 이는 우리가 하나가 된 것 같이 그들도 하나가 되게 하려 함이니이다."(요 17:21~22)

"아버지께서 아들을 보내셨다는 것을 저들이 알게 하십시오"란 말이 이뤄지기 위해서는 세상의 눈을 가리게 했던 수건이 벗겨져야 한다. 그 수건이 벗겨질 때, 사람들은 갑자기 예수님이 메시아시라는 사실을 깨닫게 된다. 그 수건이 벗겨지는 전제가 하나 됨이다. 결국 마지막 때의 추수를 위한 가장 중요한 열쇠 중 하나가 그리스도 몸의 연합이다. 이것이 어둠의 문을 열어 빛이 들어오게 한다. 그 빛이 들어오자마자 갑자기 세상은 깨닫게 된다. "아버지께서 그 아들을 보내셨구나. 예수님이 이미 오셨구나."

원수는 이 하나 됨의 비밀과 능력을 너무나 잘 알고 있다. '하나 됨'은 마지막 때의 대추수를 위한 가장 위험한 열쇠라는 것을 사탄은 잘 알고 있다. 그 열쇠로 문이 열려질 때, 사탄의 나라는 더 이상 존재할 수 없게 된다. 그래서 사탄은 모든 힘을 쏟아 하나 됨의 열쇠를 사용하지 못하도록 싸울 것이다. 그리스도 몸의 연합을 막을 것이다. 이 땅에서 하나 됨이 그렇게 힘든 이유가 여기에 있다. 그러나 힘이 들면 들수록 하나님의 능력은 더욱 빛을 발할 것이다. 우리는 오직 하나님의 임재에 들어가기만을 힘쓰면 된다. 그분이 일하시고, 싸우신다. 그리고 끝내 이기신다. 나의 사랑, 대한민국이 이제 하나 됨의 열쇠를 사용함으로써 하나님이 부여해 주신 민족적 데스티니를 이뤄가기를 간절히 소망한다. 나의 간절한 소망을 담아 한반도를 위해 기도하고 싶다.

아버지 감사합니다. 코리아라고 하는 한반도를 이 지구상에 존재하게 하심을 기뻐하고 감사합니다. 이 민족을 위한 당신의 큰 부르심이 있습니다. 당신은 한국 민족을 강력하게 사용하셨습니다. 코리아를 통해 전 세계를 축복하셨습니다. 한국인들은 기도와 헌신을 통해 모든 고난을 인내하고 통과했습니다. 전 세계는 한국 민족에게 복음의 빚을 졌습니다. 하나님, 당신은 이들의 수고를 절대 잊지 않으실 것입니다.

간절히 바라옵기는 하나님, 이 한국을 지금 축복해 주십시오. 당신의 영광을 다시 한 번 이 땅 가운데 나타내주십시오.
우리 열방의 가족들은 절대로 한국을 혼자 가게 하지 않을 것입니다. 한국이 자신들의 빵을 나눴던 것처럼, 이제는 그 빵조각들이 한국 땅으로 다시 돌아오게 하십시오. 그럼으로써 한국이 하나님의 영광을 마음껏 보기를 기도합니다.
하나님의 영광이 한반도의 모든 막힌 담을 허물고 모든 분열을 무너뜨릴 것을 믿습니다. 그 영광이 코리아 온 땅에 넘치게 하소서. 하나님, 이 땅의 남은 자들로 인해 이 민족의 역사가 새로 쓰이기를 기도합니다. 다시 한 번 이 민족을 위대하게 써 주십시오.

코리아여. 코리아여, 성령의 하나 됨 가운데로 나아올 지어다!
하나 될지어다!
이들이 서로 하나가 되고, 그 하나 됨이 열방의 하나 됨으로 연결

될 때, 다시 한 번 코리아는 하늘은 물론 온 땅을 흔드는 주역이 될 것입니다. 흔들려야 할 모든 것들을 흔들리게 할 것입니다. 그럼으로써 흔들리지 않는 하나님의 나라를 세우게 될 것입니다. 이 일에 코리아를 써 주십시오.

하나님, 당신이 사랑하는 한국 땅에 주의 거룩한 신부들이 넘치게 해 주십시오. 그들이 한 마음으로 하나 되게 하소서. 하나 됨은 주님의 갈망입니다. 원수는 절대로 그것을 막지 못합니다. 한국인들이 그 주님의 갈망을 이루는 통로가 되게 해 주십시오. 담대히 선포하노니 이 땅에 더 이상의 분열은 없을 것이다! 주님이 이 코리아에 한 머리 아래에 있는 한몸을 출산하실 것입니다.

이 존귀한 한국 민족을 축복합니다. 하나님, 당신의 얼굴빛을 이 민족에게 비추십시오. 당신의 임재를 부어주십시오. 이들의 발걸음을 계속해서 인도해 주십시오. 이들이 다시 한 번 주님으로 인해 기뻐할 것입니다. 지난 시절 이 땅에서 복음을 위해 모든 것을 바친 믿음의 증인들을 기억합니다. 하나님께 부르짖고 순교의 길을 걸어간 믿음의 선조들을 기억해 주십시오. 부디 그들을 기억해 주십시오. 한민족을 위해 기도하고 부르짖은 믿음의 선조들이 지금 하늘에서 구름같이 증인들로 서 있습니다. 그래서 이 한국 민족은 결코 망하지 않습니다! 다시 살아날 것입니다.

이 민족을 향한 모든 약속과 예언들이 이 시대에 성취되게 해 주십시오. 피와 땀과 눈물을 흘리고 자신의 목숨마저 복음을 위해 내놓았던 믿음의 선진들이 이 땅에 심었던 모든 것들이 거둬지게 해 주십시오.

이제, 코리아의 때가 찼음을 선포합니다. 이 시간, 한반도를 조정하고자 하는 모든 악한 것들에게 선포한다.
"너희 원수들아, 너희에게 어떤 능력도 없는 것을 선포한다. 하나님이 부여하신 한민족의 데스티니는 이뤄질 것이다. 더 이상 방해하지 말고 이제 코리아에서 떠나라!"

하나님, 이 코리아에 오시옵소서. 이 코리아에 임하소서. 이 코리아에 오셔서 주님이 마땅히 취하셔야 될 그 자리를 취하소서. 이 코리아에서 드려지는 참된 예배를 받으소서. 그래서 당신의 이름만이, 오직 주님의 이름만이 이 존귀한 코리아에 있게 하소서. 코리아를 사랑해주소서. 코리아의 모든 사람들이 당신만을 사랑하게 하소서.

아멘.

사랑의 회복

사랑이 능력이다

나의 권위는 사랑으로부터 나온다. 사랑이 우리에게 권위를 준다. 수년 전, 하나님은 내게 말씀하셨다. "네가 얼마만큼의 사랑을 가지고 살아가는가에 따라 그리스도의 몸 안에서의 권위를 부여 받을 것이다." 나는 그 말씀에 이렇게 반응했다. "하나님, 어느 나라로 저를 보내시더라도 그 나라를 향한 하나님의 사랑을 저에게도 부어주십시오."

사랑이 능력이다.

나는 개더링을 위해 열방을 다니고 있다. 각 나라들을 향한 사랑이 없다면 나는 어떠한 말씀을 전할 권위도 상실하게 된다. 도대체 사랑 없이 전하는 말에 어떤 힘이 있겠는가. 주님이 나에게 원하시는 것은 당신과 동일한 마음을 갖는 것이다. 주님은 나의 마음을 원하신다. 당신이 주고자하는 사랑을 내가 동일한 심정으로 전해주기를 간절히 바라신다. 주님이 내게서 받으시는 것은 바로 나의 마음이다. 내 마음을 받으시면, 그분은 나의 전부를 받으시는 것이다. 황소를 드리는 것 보다 더 중요한 것은 내 마음을 드리는 것이다. 하나님의 마음에 순종하는 것이 제사보다 더 낫다.

"사무엘이 이르되 여호와께서 번제와 다른 제사를 그 목소리를 청종하는 것을 좋아하심 같이 좋아하시겠나이까. 순종이 제사보다 낫고 듣는 것이 숫양의 기름보다 나으니"(삼상 15:22)
"내가 노래로 하나님의 이름을 찬송하며 감사함으로 하나님을 위대하시다 하리니 이것이 소 곧 뿔과 굽이 있는 황소를 드림보다 여호와를 더욱 기쁘시게 함이 될 것이라."(시 69:30~31)

어느 나라를 가더라도 나는 그 나라에 대한 사랑의 마음이 있는지를 스스로 체크한다. 이집트인인 나는 한국인과 중국인, 일본인들을 사랑한다. 이들 아시아 국가들을 향한 하나님의 사랑이 크고 깊다. 나는 사역을 위해서 한국에 오지 않는다. 하나님은 한국인들이 당신의 부르심을 온전히 받아들여 그 뜻을 성취할 때까지 절대로 한국과 한국인들을 포기하지 않으실 것이다. 그것을 잘 알고 있기에 나는 기회만 되면 한국에 온다. 한국의 가족들에게 끊임없이 하나님의 부르심을 상기시켜 주기 원해서다.

나의 부모님은 내겐 너무나 놀라운 분이시다. 그분들은 자신들의 삶 가운데 최고의 것을 내게 주고 싶어 하셨다. 나를 위해 모든 것을 헌신하셨다. 아버지는 당신의 실현되지 못한 꿈을 이루기 위해 나를 사용하지 않으셨다. 오직 내 삶을 향한 하나님의 부르심을 이루고자 하는 열정만 지니셨다. 내가 자신들을 능가할 때, 오히려 기뻐하는 사람들이 바로 아버지요, 어머니다.

나는 이 땅의 교회에서 수많은 탁월한 지도자들을 보았다. 그러나 아버지는 찾기 어려웠다. 내 삶에 자신의 인생을 투자하는 리더들도 있었다. 리더가 나를 훈련하고 성장시키는 것은 마치 꽃에 물을 주는 것과 같았다. 시간이 지나 점점 내게 임한 기름부음이 리더의 기름부음과 가까워진다. 그러면 갑자기 리더와 나 사이에 경쟁이 시작된다. 기름부음의 경쟁이랄까. 그런 경쟁이 느껴졌을 때, 나는 주저 없이 물러났다. 경쟁을 하기 위해 훈련 받은 것이 아니기 때문이다.

나는 하나님의 얼굴을 구하는 여정을 지속하면서 부르짖었다. "하나님, 그리스도의 몸 된 교회 안에 아버지와 어머니들은 어디 있습니까?"

우리 아버지와 어머니는 내가 자신들보다 더 잘됐을 때, 절대로 시기하지 않으셨다. 오히려 너무나 기뻐하셨다. 리더들은 자신들의 꿈을 이루기 위해 팔로워들을 이용한다. 그러나 아버지는 절대로 자신의 꿈을 위해 자녀를 이용하지 않는다. 일만 스승이 있어도 아비와 어미는 적었다. 나는 전 세계 그리스도 몸 안에서 이런 아버지 어머니가 일어나기를 소망했다.

내 인생을 돌아 볼 때, 정말로 내게 필요한 사람은 리더가 아니라 아버지였다. 나는 이 땅의 교회에서 아버지들이 일어서기를 갈망했다. 나 또한 아버지가 되고 싶었다. 한국을 향한 나의 기도는 이 땅에서 아버지와 어머니들, 그리고 가족이 회복되는 것이다. 리더는 따라오는 제자들을 키워낸다. 그러나 부모는 자녀들을 키운다. 리더는 자신을 따르는 제자를 훌륭하게 키워낼 수 있지만 부모는 자녀를 품질과 상관없이 끝까지 품는다.

하나님은 이 땅의 가족들의 회복을 원하신다. 아버지와 어머니의 유업이 자녀에게 흘러 들어가는 것을 보고 싶어 하신다. 주님이 지금 그리스도의 몸 안에서 행하는 일이 바로 가족의 회복, 사랑의 회복이다.

하나 되게 하소서

"아버지여, 아버지께서 내 안에, 내가 아버지 안에 있는 것 같이 그들도 다 하나가 되어 우리 안에 있게 하사 세상으로 아버지께서 나를 보내신 것을 믿게 하옵소서. 내게 주신 영광을 내가 그들에게 주었사오니 이는 우리가 하나가 된 것 같이 그들도 하나가 되게 하려 함이니이다. 곧 내가 그들 안에 있고 아버지께서 내 안에 계시어 그들로 온전함을 이루어 하나가 되게 하려 함은 아버지께서 나를 보내신 것과 또 나를 사랑하심 같이 그들도 사랑하신 것을 세상으로 알게 하려 함이로소이다."(요 17:21~23)

요한복음 17장에는 예수님의 기도가 나온다. 성경에 기록된 유일한 예수님의 기도다. 예수님의 기도의 가장 큰 주제는 무엇인가? 많은 기름부음을 받은 자들이 일어나는 것, 더 많은 기적을 행하고 은사를 받는 것이 아니다. 예수님은 한 기도 안에 5번이나 "저들이 하나 되게 해 주세요"라고 간구한다. 예수님은 하나님께 간절히 기도하신다. "하나님, 제가 기도합니다. 저들에게 아버지의 영광을 주었습니다. 저의 임재를 부어주고 얼굴을 나타내었습니다. 제게 있는 모든 것을 하나도 남기지 않고 다 주었습니다. 그러니 부디 저들이 하나 되게 해 주십시오. 저들이 자신들만의 게임을 하지 않게 해 주세요. 자기 사역의 기름부음을 위해 제 영광을 이용하지 않고, 오직 서로 하나가 되는데 제 영광을 사용하기 원합니다."

하나님의 나라는 결코 나눠지지 않는다. 나눠진 나라는 온전히 설 수 없다. 예수님은 아버지와 아들이 하나인 것처럼 믿는 모든 사람들이 하나가 되게 해달라고 기도하셨다. 분리의 영이 가득한 이 세대에 어떻게 이것이 가능할까? 우리 눈에는 불가능하게 보인다. 내 자신을 돌아 볼 때에도 이 기도가 응답되는 것은 불가능해 보인다. 가정과 교회, 교단이 하나 되는 것은 도저히 이뤄지지 않을 것 같다. 그런데 예수님은 그 정도 차원이 아니라 '믿는 모든 사람들'이 하나 되게 해달라고 기도하셨다. 이것은 단순한 연합이 아니다. 예수님은 연합 정도를 위해 기도하지 않으셨다. 그분은 분명히 선언하신다. "아버지와 아들은 하나다!" 성부와 성자는 완전한 한몸이 되셨다. 필요할 때 연합하는 정도가 아니다. 완전한 하나 됨이다. 이 선언을 기초로 예수님은 "아버지와 아들이 하나인 것처럼 저들도 하나 되게 해 주세요"라고 기도하셨다. 도대체 누가 이것을 이해할 수 있을까? 연합도 너무나 힘이 드는데 이 완전한 하나 됨이 이뤄질 것 같지 않다.

그러나 믿음은 불가능을 가능하게 만든다. 우리가 주님의 뜻을 받아 주의 이름으로 구하면 주님이 듣고 응답하신다. 우리는 예수님의 기도가 반드시 응답될 것이라는 믿음을 가지고 기도의 자리에 나와야 한다. 하나 됨을 위해서는 모든 믿는 사람 각자가 부셔져야 한다. 철저하게 '자아의 죽음'이라는 단계를 거쳐야 한다. 고운 가루처럼 각각 부셔져 합쳐져야 한다. 이것은 거의 완전한 연합이라고 할 수 있다. 솔직히 지금 이런 정도의 연합도 이뤄지지 않고 있다. 그러나 이것으로 끝나면 완전한 하나 됨을 경험할 수 없다. 각각 부셔져 합해진 가루 위에 주님의 보혈이 뿌려져야 한다. 그 보혈이 우리를 완벽하게 하나 되게 한다. 그래서 하나 되기 위해서는 우리 삶에 십자가의 보혈이 흘러내려야 한다. 주님의 십자가의 보혈을 경험한 사람들은 결코 교만할 수 없다. 그 보혈로 씻음을 받은 사람들, 복음의 용광로 속에 들어가 모든 것을 불태운 사람들에게 조금의 교만도 존재할 수 없다. 이런 전제 하에서 우리는 연합을 넘어 하나 됨을 이룰 수 있는 것이다.

하나 됨, 한반도를 향한 예수님의 소원

나는 한국이 진정으로 하나가 되기를 소망한다. 한국의 데스티니와 관련해서 이런 단어들이 떠오른다. 먼저는 원(One·하나)이다. 우리는 하나가 되도록 부르심을 받았다. 하나 됨은 예수님의 소원이며 갈망이셨다. 우리는 예수님의 소원을 이뤄드려야 한다. 그것이 우리의 데스티니다. 한국 안에서 그리스도의 몸이 하나가 될 것이다!

다음으로는 패밀리(Family·가족)다. 한국을 방문할 때마다 가족이란 단어가 계속 들려온다. 주님은 우리를 한 가족으로 만드셨다. 지금 우리를 한 가족이 되도록 준비시키고 계신다. 내 생각에는 불가능해 보인다. 한국의 깊은 분열, 남과 북의 반목은 더욱 깊어져 가는 느낌이다. 그러나 하나 됨의 그날은 온다. 그것은 주님의 소원이기 때문이다. 하나 된 코리아의 데스티니는 열방에 복음을 전하는 것이다. 그날이 온다. 그것은 주님의 선포다. 주님의 뜻을 구하는 주의 백성들이 하나 되는 날, 원수의 나라는 흔들려 무너지고 하나님의 나라는 굳건히 설 것이다. 어떤 나라도 하나 됨이 없으면 설 수 없다. 한몸이 없는 한 머리는 존재할 수 없다. 그리스도의 몸들이 온전히 하나 될 때에 한몸과 한 머리가 일체가 된다. 그러할 때에야 범사에 잘되고 강건하게 되는 역사가 이뤄진다. 지금까지 한국의 역사를 보면 정말 하나님의 페이버가 넘쳤다. 그래서 여기까지 올 수 있었다. 한국에 임한 하나님의 은혜가 족하다. 그럼에도 결정적인 순간의 돌파가 이뤄지지 않은 느낌이다. 한몸을 이루지 못해 한 머리와 완전히 일체될 수 없었기에 마지막 문지방을 넘지 못했다. 이것은 원수의 책략이기도하다. 하나 된 코리아의 영적 파워를 너무나 잘 알기에 지속적으로 이 땅에 분열의 영을 심고 있는 것이다. 이제 깨어나야 한다. 한국인들이여, 깨어나라! 하나님 나라를 갈망하라. 하나 됨을 추구하라. 겸손히 기도하라. 예수님의 소원을 이뤄드리라. 명심해야 한다. 하나 됨 없이는 결코 하나님 나라로 들어갈 수 없다는 사실을.

죽음에서 부활하신 예수님은 40일 동안 제자들을 만난 후 승천하셨다. 10일 후에 오순절이 임한다. 40일 동안 제자들과 얼마나 자주, 얼마나 길게 만나셨는지는 모른다. 그러나 이 40일 동안 예수님은 하나님 나라에 대해 말씀하셨고 마지막으로 기도하며 "저들이 하나 되게 해 주세요"라고 간구했다. 하나님 나라에 대해 말씀하신 예수님은 제자들에게 "이제 나는 너희를 떠난다. 하늘로부터 임하는 능력을 받기까지 다락방에서 기다리라"고 하셨다. 제자들은 어떤 능력을 기다려야 하는가? 기적을 행하는 능력인가? 아니다. 제자들에게는 이미 기적을 행하는 능력이 있었다. 예수님이 말씀하신 것은 다른 차원의 권위로 오직 하나 됨을 통해서만 오는 권위다. 그들이 온전히 하나 되었을 때, 이전과는 전혀 다른 권위가 주어졌다. 그들은 그 권위로 사역을 전개해 나갔다.

그리스도의 몸이 분열된다면 어떤 권위도 남지 않게 된다. 한국 교회의 권위는 하나 됨에서 온다. 교회가 하나 되었을 때에 사람들은 교회를 통해 그리스도를 볼 것이다. 그러나 분열된 교회를 통해서는 어떤 권위도, 영광도 볼 수 없다. 살아 있지만 죽은 것과 같이 된다.

각 나라와 교회, 사업체들을 방문할 때마다 사람들은 나에게 자신들에게 줄 주님의 말씀이 무엇인지 묻는다. 그러면 나는 말한다. "나는 주님의 말씀을 할 수 없습니다. 먼저 여러분 안에 주의 말씀을 이룰 역량이 있으신지 물어보고 싶습니다. 만일 여러분들이 분열되어 있다면 아무리 시간이 지나도 하나님이 주신 말씀을 성취할 수 없습니다."

정말 그렇다. 만일 그리스도의 공동체가 분열되어 있다면 개별적으로 하나님의 말씀을 안다 할지라도 어떤 영향력이 나타날 수 있겠는가. 만일 아내와 내가 하나가 되지 않는다면 가장인 나는 물론 우리 가족 모두는 권위를 나타내 보일 수 없다. 멀리 갈 것 없이 아이들에게 물어 보시라. 부모가 한몸이 되어 있는 가정에서 아이들은 강요하지 않아도 부모에 대해 마음으로 복종한다. 부부의 하나 됨을 통해 자연스럽게 흘러나오는 권위가 있기 때문이다.

교회도 마찬가지다. 목사의 권위는 어디에서 나오는가. 목사가 동역자들은 물론 성도들과 사랑으로 하나 되었을 때, 누가

> 한국 교회의 권위는 하나 됨에서 온다. 교회가 하나 되었을 때에 사람들은 교회를 통해 그리스도를 볼 것이다.

뭐라 하지 않아도 권위가 흘러나온다. 반대로 리더십이 분열되었을 때에 아무리 훌륭한 설교를 한다 할지라도 목사에게 권위는 사라진다. 이것은 한 나라에서도, 회사에서도 동일하게 적용된다. 그야말로 뭉치면 살고, 흩어지면 죽는다.

그래서 예수님은 제자들에게 "다락방에서 기다리라"고 하신 것이다. 이렇게 말하셨을 것이다. "나는 너희에게 병 고치는 능력을 비롯해 여러 능력이 있다는 것을 안다. 그러나 그것으로부터 권위가 흐르지 않는다. 오직 능력은 하나 됨을 통해서 나온다. 그래서 나는 너희 각자를 녹여 하나가 되게 하려 하는 것이다."

제자들은 예수님의 말씀대로 한 자리에 함께 모였다. 한 마음이 되었다. 이들이 한 마음으로 모였을 때에 성령이 임했다. 그때 누가 누구를 기다린 것인가? 성령이 제자들을 기다렸는가, 아니면 제자들이 성령을 기다렸는가? 제자들에게는 성령이 오실 것이라는 약속이 주어졌다. 제자들은 그 약속을 믿고 준비했

다. 한 자리에 함께 모였다. 그들은 성령을 기다렸다. 마침내 성령이 임했다. 준비가 되면 약속한 것이 주어진다. 이 원리는 장소와 시간을 초월해 동일하게 적용된다.

하나 됨, 성령이 임하는 조건

한국이 준비되면 성령이 임할 것이다! 할렐루야.

지금 시대에 한국 땅에 성령이 임하시면 이전의 기름부음 보다 훨씬 더 큰 차원의 기름부음 속으로 들어가게 된다. 공중의 권세 잡은 자들은 이것을 막기 위해 혼신의 힘을 다할 것이다. 그래서 성령이 임하시기 전에 나라와 나라가 충돌하는 것이다. 이 땅의 나라와 공중 권세 잡은 나라 간의 대결이 펼쳐진다. 우리는 사방에서 달려드는 거인들과 대면할 수 있다. 그들은 분열의 영을 퍼뜨린다. 절대 겁을 먹어서는 안 된다. 마침내 성령이 오시면 모든 거인들은 추풍낙엽처럼 쓰러질 것이다. 나는 간절히 한국의 가족들이 준비되기를 위해 기도하고 있다. 그 준비는 하나가 되는 것이다.

성령은 오순절 마가 다락방에 조금이라도 빨리 가고 싶으셨을 것이다. 그러나 기다렸다. 제자들이 하나 됨의 자리까지 나오기를 기다린 것이다. 그 순간, 그 자리에 모인 사람들이 얼마나 많은 재력을 가졌으며, 얼마나 많은 교육을 받았는지는 중요하지 않았다. 성령이 임하는 조건은 하나 됨이었다. 그리스도의 몸이 하나가 되어 머리 되신 그리스께 순복할 때, 갑자기 영적 출산이 이뤄진다. 하나님의 나라가 이 땅에 임하게 된다. 오순절 다락방에 성령이 임하자마자 제자들은 하나님의 나라에까지 도달할 수 있었다. 그때 사람들은 알게 되었다. '하나님의 나라가 이 땅에 임한 자들'이 바로 그들이었다는 사실을. 거기서부터 제자들의 권위가 확립되었고 뜻이 하늘에서 이뤄진 것 같이 땅에서도 이뤄지는 놀라운 사역이 시작되었다.

이것이 바로 이 부조리한 땅에 사는 우리의 유일한 소망이다. 우리가 하나 되었을 때, 성령이 임한다. 그 성령이 우리를 통해 일하신다. 그러면 우리는 하나님의 나라를 이 땅에 임하게 하는 촉매제가 된다.

당신의 사랑을 부어주십시오

하나가 되기 위해서는 나를 내려놓아야 한다. "주님, 내가 여기 있습니다. 나를 받으소서"라며 그분께 모든 것을 순복시켜야 한다. 내가 시퍼렇게 살아있는 가운데 도저히 하나가 될 수 없다. 주의 제단 앞에 나아가 모든 것 내려놓고 간구해야 한다. "주님, 우리가 하나 되게 해 주십시오. 우리에게 하나 된 거룩한 주님의 몸을 계시해 주십시오. 하나 됨을 위해 제 인생을 바치겠습니다." 이럴 때, 역사가 일어난다. 갑자기, 성령이 임하신다. 그것으로 모든 것은 끝난다. 그때부터 성령이 운행하시는 놀라운 삶이 시작된다.

내가 하나님이 행하실 일들을 기대하며 기도할 때, 하나님이 앞으로 한국 땅에 사랑의 폭탄을 떨어뜨릴 것이라고 하셨다.

"한반도의 사람들이 이제 서로 사랑할 것이다. 그냥 사랑하는 것이 아니라 마음에 통증이 느껴질 만큼 사랑할 것이다. 더 이상 주체할 수 없을 만큼, 내가 감당할 수 없을 만큼 사랑할 것이다. 내가 사랑의 폭탄을 터트려 한반도 전역에 사랑의 열병이 전염되도록 할 것이다. 두고 보아라."

"유월절 전에 예수께서 자기가 세상을 떠나 아버지께로 돌아가실 때가 이른 줄 아시고 세상에 있는 자기 사람들을 사랑하시되 끝까지 사랑하시니라."(요 13:1)

주님은 세상의 자기 사람들을 '끝까지' 사랑하셨다. 나는 이 '끝까지'란 말이 너무나 좋다. '아, 주님이 나를 끝까지 사랑하신다.' 이것이 나의 안전판이고 능력이다. 북한을 치유하는 능력은 더 많은 기적을 행하는데 있지 않고 가족 사랑을 회복하는 데에서 온다. 지금 남한 땅에는 수만 명의 탈북민들이 있다. 원수에게 매 맞고 상처 입은 이들을 가족으로 받아들일 사랑의 사람들이 필요하다. 이들을 '끝까지' 사랑해야 한다. 한국인들에게 탈북민들은 사랑의 리트머스 시험지가 될 수 있다. 남한에 들어온 탈북민들을 사랑으로 품지 못한다면 북한의 주민들을 어떻게 사랑으로 안을 수 있겠는가.

나 역시 하나님의 사랑의 마음을 받아 다른 사람들을 끝까지 사랑하려 했다. 결코 쉽지 않았다. 실패와 성공을 반복했다. 하나님은 말씀하셨다. "데이빗, 너는 아직도 십계명 안에서 살고 있구나. 나는 이미 너희에게 '서로 사랑하라'는 새 계명을 주었단다. 서로 사랑하되, 내가 너희를 사랑한 것 같이 사랑하라는 계명이다."

> "새 계명을 너희에게 주노니 서로 사랑하라. 내가 너희를 사랑한 것 같이 너희도 서로 사랑하라. 너희가 서로 사랑하면 이로써 모든 사람이 너희가 내 제자인 줄 알리라."(요 13:34~35)

처음 그 음성을 들었을 때, 나는 주님께 이렇게 답할 수밖에 없었다.

"주님, 그건 불가능해요. 제가 저 자신을 사랑하는 것처럼 다른 사람을 사랑하는 것도 할 수 없었어요. 그런데 주님이 저를 사랑하신 것처럼 다른 이들을 사랑하라고요? 주님의 사랑은 인간이 할 수 있는 사랑이 아니죠. 저로선 불가능합니다. 포기하겠어요."

그러자 주님이 말하셨다.

"그래? 나는 이날이 오기만을 기다렸단다."

"네, 무슨 날을요?"

"네가 포기하게 될 이날 말이다."

주님은 마치 나를 똑바로 쳐다보시는 것 같이 정색하시며 내게 다시 물으셨다.

"네가 어떻게 구원을 받았니? 너의 노력으로 구원 받은 것 같으냐?"

"아니요. 제가 오히려 모든 것을 포기했을 때였어요. 제가 연약함과 실패를 모두 드리고 '주님, 당신이 필요합니다. 제 마음 문을 열고 들어와 주세요'라고 고백했을 때 구원 받을 수 있었어요"

"사랑도 마찬가지란다. 네가 그동안 사랑해온 모든 방법을 포기하고 '내가 더 이상 못하겠습니다. 당신의 사랑을 부어주십시오'라고 고백할 때에 진정으로 타인을 사랑할 수 있게 된다."

하나님은 내게 이제 한반도에서 하나 됨의 역사를 이룰 것이라고 말씀하신다. 이 땅 모든 사람들 마음 안에 그것을 소원하는 마음을 줄 것이라고 했다. 하나 됨을 향한 깊은 갈망이 방방곡곡에서 터져 나올 것이라고 말씀하셨다.

"이제, 내 시간이 왔다. 내 나라를 이 땅에 세우리라. 남북한 간에 이뤄질 놀라운 연합은 단지 남한과 북한 사람들만을 위한 것이 아니다. 나는 뉴코리아에 대한 새로운 계획을 갖고 있다. 나의 계획은 원수가 도저히 탈취해갈 수 없다. 나는 이미 북한 정권에 '내 백성을 가게하라'고 선포했다. 그 일이 이뤄질 것이다. 앞으로 열방은 이전의 방식으로 코리아를 보지 않을 것이다. 내가 열방 사람들의 마음을 움직일 것이다."

> 하나님은 내게 이제 한반도에서 하나 됨의 역사를 이룰 것이라고 말씀하셨다. 하나 됨을 향한 깊은 갈망이 방방곡곡에서 터져 나올 것이라는 것이다.

많은 경우 진정한 하나 됨은 불가능하다. 그러나 주님이 우리 가운데 임재하시면 가능하다. 압도적인 주님의 임재에 거꾸러져 눈물을 흘리며 서로의 연약함을 고백할 때, 우리는 주님의 영 안에서 하나가 될 수 있다. 주님의 임재 앞에 우리는 이런 고백밖에 할 수 없다. "저는 주님의 것입니다. 저의 모든 권리를 주님께 이양합니다. 주님 원하시는 대로 마음껏 취하십시오."

그럴 때, 주님은 임재의 히터의 온도를 더욱 높이실 것이다. 그러면 임재의 강도는 더 높아간다. 첫 번째 그룹이 납작 엎드리고 난 후에 그 다음 그룹, 그 다음 그룹이 계속 엎드리게 된다. 그때, 이전까지는 절대 불가능할 것 같은 변화가 일어난다. 모든 사람들이 고운 가루처럼 빻아지고 거기에 주님의 거룩한 보혈이 흐른다. 드디어 하나가 되는 것이다. 아버지와 어머니 세대의 연합을 보고 다음 세대들이 소망 가운데 주님을 찾게 된다.

"주의 권능의 날에 주의 백성이 거룩한 옷을 입고 즐거이 헌신하니 새벽 이슬 같은 주의 청년들이 주께 나오는도다."(시 110:3)

그날이 오면, 이 땅의 모든 사람들이 자원하며 주님 앞에 헌신하며 고백하게 된다. "나는 당신의 것입니다. 내 삶과 사역을 바꿔 주십시오."

하나님의 초대장

우리 모두는 '하나님의 초대장'을 받고 있다는 사실을 알고 있는가? 세례 요한의 아버지 사가랴에게 천사가 나타났다. 천사는 그와 아내 엘리사벳에게 아들을 주겠다며 그 이름을 요한으로 하라고 한다. 그러면서 "너도 기뻐하고 즐거워할 것이요 많은 사람도 그의 태어남을 기뻐하리라"면서 태어날 아이의 운명에 대해 이야기 한다.

"그가 주 앞에 큰 자가 되며 포도주나 독한 술을 마시지 아니하며 모태로부터 성령의 충만함을 받아 이스라엘 자손을 주 곧 그들의 하나님께로 많이 돌아오게 하겠음이라. 그가 또 엘리야의 심령과 능력으로 주 앞에 먼저 와서 아버지의 마음을 자식에게, 거스르는 자를 의인의 슬기에 돌아오게 하고 주를 위하여 세운 백성을 준비하리라."(눅 1:15~17)

이에 사가랴는 "나도 늙고, 아내도 늙었습니다. 우리는 잉태할 수 없다고요"라고 말한다. 이에 대해 천사가 어떻게 반응했다고 생각하는가. 천사가 "아, 그렇구나. 늙어서 잉태할 수 없다고? 그거 몰랐네"라고 했을까. 아니다. 천사는 조금도 놀라지 않았다. 천사는 '하나님의 초대장'을 갖고 있었다. 하나님은 그 사실을 이미 알고 천사를 사가랴 부부에게 보내셨다. 천사는 사가랴에게 말했을 것이다. "내게 당신들의 상태를 말하지 말라. 당신들 힘으로는, 주님 없이는 아무 것도 할 수 없다는 것을 잘 알고 있다. 나에겐 당신들에게 건네줄 하나님의 초대장이 있다. 하나님이 당신들을 선택했으니 아무 것도 묻지 말라."

우리 가운데 "하나님은 왜 나를 선택하셨을까"라며 궁금해 하는 사람들이 있다. 나도 "와이 미"(Why me?)라고 무수히 물어보았다. 나의 결론은 우리 안에 조금도 선한 것이라곤 없기 때문에 주님이 우리를 사랑하시고 찾아오신다는 것이다. 전적 무능 상태의 사람들만이 선한 것은 오직 주님으로부터만 온다는 사실을 100% 받아들일 수 있다. 베드로 역시 전적 무능 상태에서 "주의 말씀에 의지해서 그물을 내리겠나이다"라고 고백했다. 주님만이 우리의 능력이며, 우리의 안전판이다. 이 세상 어떤 것들도 주님의 그 사랑으로부터 우리를 갈라놓을 수 없다. 주님은 우리를 사랑하시되 '끝까지' 사랑하신다. 이것이야말로 복음 중의 복음이다. 바울은 주님의 그 사랑에 대해 이렇게 말했다.

"내가 확신하노니 사망이나 생명이나 천사들이나 권세자들이나 현재 일이나 장래 일이나 능력이나 높음이나 깊음이나 다른 어떤 피조물이라도 우리를 우리 주 그리스도 예수 안에 있는 하나님의 사랑에서 끊을 수 없으리라."(롬 8:38~39)

바울의 선포, "아무것도 끊을 수 없으리라"는 정말 강력한 말이다. 우리는 결코 끊어지지 않는 주님의 사랑으로 하나 된 가족이다. 기독교인의 삶은 나 혼자 걸어가는 여정이 아니다. 가족의 여정이다. 공동체가 없는 기독교란 있을 수 없다. 그 가족의 공동체를 어떤 것도 분리시킬 수 없다. 주님이 여러분을 사랑하고 나를 사랑한다. 주님이 나와 여러분 안에 있다. 우리 안에 그리스도가 계심으로 그분의 사랑이 내 안에, 우리 안에 넘친다. 그래서 우리는 서로 만나자마자 "사랑합니다"라고 고백할 수 있는 것이다.

마지막 시대를 사는 교회의 능력은 사랑이다

나, 데이빗 데미안 안에 계시는 그분이 한국 땅의 가족들을 너무나 사랑하신다. 그 사랑이 우리의 힘이요, 능력이다. 사랑만이 우리에게 권위를 준다. 마지막 시대를 사는 교회의 능력은 오직 사랑, 사랑뿐이다! 나는 정말 간절한 심정으로 이 사실을 말해

주고 싶다. 다시 한 번 말한다.

마지막 시대를 사는 교회의 능력은 사랑이다!

주님은 지금 두 가지 일을 행하고 계신다. 먼저 하나님은 이 땅의 그리스도의 몸 된 교회들을 하나가 되게 하시고 계신다. 또한 당신의 사랑을 하나 된 교회를 통해 흘러가게 하신다. 지금이 땅의 교회들이 주님을 사랑하는 그 마음으로 서로를 사랑함으로써 하나 되는 역사가 이뤄지고 있는 것은 전혀 우연이 아니다. 주님이 일하고 계시는 것이다. 사랑은 흐른다. 하나님의 사랑이 우리에게 전달되면 그 사랑은 거기 멈추지 않는다. 각자를 통로로 해서 사방으로 퍼져간다. 지금 우리 시대에 일어날 수 있는 가장 큰 혁명은 사랑의 혁명이다. 그 혁명은 주님이 터트리신 사랑의 원자탄을 통해 더욱 증폭되고 있다. 사랑으로 참된 권위를 갖게 된 교회들은 크기와 상관없이 주님의 통로의 역할을 하고 있다.

마지막 시대에 주님의 사역을 담당할 군대는 가족이 된 그리스도의 몸 된 교회들이 될 것이다. 주님은 당신의 사역을 실제 펼치시기 위해 몸이 필요하다. 뿔뿔이 흩어진 몸이 아니라 붙어 있는 몸이다. 머리가 제대로 작동하기 위해서는 한몸이 있어야 한다. 사지가 갈라진 몸으로는 일할 수 없다.

특별히 주님은 전 세계에서 당신의 일을 이루시기 위해 한국과 중국, 일본을 사용하려 하신다. 젓가락을 사용하는 이 세 개의 나라들이 앞으로 열방의 복음화를 위해 손에 손잡고 달려갈 것이다. 그러기 위해 이 세 나라에 사랑의 폭탄을 터뜨릴 것이다. 이 세 나라에 한몸이 된 그리스도의 공동체가 무엇인지를 알려주려 하신다. 주님의 뜻이 분명할수록 원수의 발걸음도 빨라진다. 원수는 하나님의 뜻이 실제로 펼쳐지지 않게 하기 위해 발악할 것이다. 멀쩡했던 각 나라의 관계를 파국 직전까지 가게 할 수 있다. 그럴 때마다 깨어 기도해야 한다. 사탄의 생각을 간파하며 그 궤계를 진멸시켜야 한다. 사탄은 "한국과 중국, 일본인들은 절대로 하나가 될 수 없다"고 속삭인다. 거기에 속아서는 절대 안 된다. 물론 인간적인 눈으로 볼 때에는 정말 힘든 일이다. 그러나 하나님은 불가능을 가능하게 하시는 분이다. 그것이 그분의 이름이다. 모든 것이 흔들리더라도 하나님의 나라는 흔들리지 않는다.

"그 때에는 그의 음성이 땅을 뒤흔들었지만, 이번에는 그가 약속하시기를, '내가 한 번 더, 땅뿐만 아니라 하늘까지도 흔들겠다' 하셨습니다. 이 '한 번 더'라는 말은 흔들리는 것들 곧 피조물들을 없애버리는 것을 뜻합니다. 그렇게 하는 것은 흔들리지 않는 것들이 남아 있게 하시려는 것입니다. 그러므로 우리는 흔들리지 않는 나라를 받으니, 감사를 드립시다. 그리하여, 경건함과 두려움으로 하나님이 기뻐하시도록 그를 섬깁시다."(히 12:26~28. 새번역)

일본 개더링에서 한국의 크리스천들이 일본 성도들 위해 기도하고 있다.

지금은 이 땅에 흔들리지 않는 나라를 세워야 할 때다. 그러기 위해 우리는 하나님의 가족들을 되찾아야 한다. 하나 된 코리아를 상상해 보시라. 더 이상 38선이 없는 나라, 한라산에서 백두산까지 누구나 자유롭게 왕래할 수 있는 나라, 유라시아 철도를 통해 부산에서부터 서울과 평양, 실크로드를 거쳐 예루살렘까지 이를 수 있는 나라, 오직 주님의 뜻만이 흘러넘치는 복된 나라 코리아를.

거룩하신 주님은 말하신다. "나에게는 지금이 어느 때보다 코리아가 필요한 시간이다. 한반도 뿐 아니라 열방을 위해 코리아가 필요하다. 나의 일을 이루기 위해 코리아에 있는 나의 몸들이 하나 되어야 한다. 가족이 되어야 한다."

이 주님이 북한 정권을 향해 선포하셨다.

지금은 그동안 보기만 했던 꿈과 비전을 취하는 때다. 이제 기도만 하지 말고 강을 건너 땅을 취해야 한다. 가서 되찾아야 한다. 그러기 위해 가족이 되어야 한다. 가족이 되어 남과 북, 동과 서의 벽을 허물어야 한다. 우리 모두 함께 고백하자.

"주의 이름이 거룩하십니다. 거룩한 주님의 나라가 지금 이 땅에 임하기를 기도합니다. 한국과 중국, 일본에 임하시옵소서. 한중일이 하나가 되어 열방에 주님의 나라를 굳건하게 세울 수 있게 인도해 주십시오. 주의 이름을 찬양합니다. 할렐루야."

가족의 여정

가족의 여정을 걸으면 '새 일'이 펼쳐진다

"룻이 이르되 내게 어머니를 떠나며 어머니를 따르지 말고 돌아가라 강 권하지 마옵소서. 어머니께서 가시는 곳에 나도 가고 어머니께서 머무시 는 곳에서 나도 머물겠나이다. 어머니의 백성이 나의 백성이 되고 어머니 의 하나님이 나의 하나님이 되시리니"(룻 1:16)

기독교는 나 혼자 걸어가는 삶이 아니다. 온 가족이 손에 손 잡고 함께 걸어가는 가족의 여정이다. 나는 "공동체가 없는 기 독교는 기독교가 아니다"라고 말하고 싶다. 우리는 '함께' 가야 한다. 그리고 함께 가는 사람들은 주님이 사람들을 사랑하신 것 과 같이 '끝까지' 사랑해야 한다. 우리는 가족으로 함께 걸어가 면서 서로 사랑하는 법을 배우는 것이다. 이것이 개더링의 대전 제다. 바울이 말한 대로 이 세상의 그 어떤 것도 가족의 여정을 걷는 '우리를' 그리스도의 사랑으로부터 끊을 수 없다. 어떤 것도 우리를 분리시킬 수 없다는 것이다. 여기서 중요한 것이 '우리'다. 나만 가는 것이 아니라 우리가 함께 가야 한다. 주님은 우리 모두를 사랑하신다. 주님의 사랑이 나는 물론 우리 안에 있다. 나를 사랑하는 주님이 우리 안에 있기에 우리 믿는 자들은 모두 가족이라고 말할 수 있는 것이다.

룻기를 읽을 때마다 나의 심장은 뛴다. 특히 룻이 시어머니 나오미에게 했던 "어머니의 백성이 나의 백성이 되고 어머니의 하나님이 나의 하나님이 되시리니"라는 말은 '가족의 여정'을 걷는 나에게 엄청난 말로 다가온다. 나는 이 역사, '어머니의 하나님이 나의 하나님이 되는' 역사가 지금 이 시간, 이 땅 가운데 펼쳐지기를 소망한다. 룻과 같은 마음을 지녔을 때, 우리는 한 가족이 된다. 룻의 동서인 오르바는 "이제 나를 떠나라"는 나오미의 말에 순종, 자기 길로 갔다. 오르바는 지극히 상식적인 행동을 했고 전혀 비난 받을 이유는 없다. 룻은 오히려 어머니의 말을 순종하지 않고, 당시 사람들이 보기에는 비상식적인 행동을 했다. 나는 나오미의 속마음을 이해할 수 있다. 나오미는 오르바를 충분히 이해했지만 룻의 결정을 마음 깊숙하게 고마워했을 것이다. 남편 없는 늙은 그녀에게는 동행이, 가족이 필요했다. 룻은 비록 피로 섞이지 않은 이방 여인이었지만 나오미의 가족이 되었다. 그 희생적 결정을 하나님도 기뻐하셨다. 이들이 가족의 여정을 걸어갈 때에 하나님이 그들에게 새 일을 행하셨다.

비단 룻과 나오미 뿐 아니라 어떤 경우에도 가족의 여정을 함께 걸어 끝내 아버지의 집을 찾아가려는 사람들에게 하나님이 새 일을 행하신다. 하나님은 이사야를 통해 이스라엘 백성들에게 '새 일'이 일어난다면서 그 사실을 알지 못하겠느냐고 말하신다.

> "너희는 이전 일을 기억하지 말며 옛날 일을 생각하지 말라. 보라 내가 새 일을 행하리니 이제 나타낼 것이라. 너희가 그것을 알지 못하겠느냐 반드시 내가 광야에 길을 사막에 강을 내리니 장차 들짐승 곧 승냥이와 타조도 나를 존경할 것은 내가 광야에 물을, 사막에 강들을 내어 내 백성, 내가 택한 자에게 마시게 할 것임이라."(사 43:18~20)

옛적 이스라엘 백성들에게 새 일을 행하셨던 하나님이 지금 우리 시대에도 새 일을 행하시기 원하신다. '새 일'은 우리에게 새 일처럼 보이지만 하나님이 이전부터 행해 오셨던 일이다. 이 마지막 시대에 하나님은 고대 때부터 행하셨던 그 놀라운 일들을 다시 사용하실 것이다.

옛적 선한 길

우리에게는 '옛적 선한 길'이 있다. 가족의 여정을 걸어 나갈 때 우리는 가끔씩 가던 길에서 멈춰 서서 옛적 선한 길을 살펴보아

야 한다. 그리고 그 길로 가야 한다. 그래야 심령의 평안함이 찾아
온다.

"여호와께서 이와 같이 말씀하시되 너희는 길에 서서 보며 옛적 길 곧 선
한 길이 어디인지 알아보고 그리로 가라. 너희 심령이 평강을 얻으리
라."(렘 6:16)

동시에 우리는 고대로부터 전해져 오는 보이스(Voice·소리)
를 들어야 한다. 수천 년 전부터 내려온 소리지만 오랫동안 들려
지지 않은 소리다. 그것은 태초 이전부터 계신 하나님에 관해 이
야기 해주는 소리다. 그 소리가 울려 퍼지는 순간, 원수는 금방
알아차린다. 화들짝 놀란다. 그때부터 원수는 바빠진다. 하나님
이 뭔가 새 일을 행하실 것이라는 사실을 직감적으로 알기 때문
이다. 우리가 방언으로 기도하고 새로운 노래를 부를 때에 새로
운 소리가 발한다. 그 소리가 울려 퍼질 때, 하늘과 땅이 맞닿뜨
려지는 느낌이 든다. 그 순간이 바로 하나님의 새 일이 시작되는
모멘텀의 시간이다.

하나님은 이사야에게 말하셨다. "내가 새 일을 행하고 있는데
이제 나타날 것이다. 저 땅 밑에 엄청난 생수가 있다. 그 생명의
물이 곧 솟구쳐 올라올 것이다."
사방팔방에 어둠이 깔려 있고, 도무지 앞길이 보이지 않은 시

기에도 크리스천들은 옛적 선한 길을 찾아야 하며 깊은 곳에 오랫동안 감춰진 물이 솟구쳐 올라오리라는 믿음을 가져야 한다. 때론 사람들이 이렇게 물을 수 있다. "주님 왜 우리에게 정확하게 계시하며 나타내지 않으십니까?"

하나님이 행하시는 일들은 우리의 제한된 생각으로는 이해될 수 없을 때가 많다. 그러나 우리가 이해할 수 없을 때에도 하나님의 말씀에 '예'와 '아멘'으로 대답해야 한다. 그것이 믿음이다. 이 세상에서 모든 지식과 모든 능력을 가지신 분은 하나님 한 분밖에 없다. 그러므로 우리는 하나님의 생각을 알아야 한다. 하나님의 깊은 뜻을 알기 위해서는 우리 안에 하나님의 영이 있어야 한다.

> "사람의 일을 사람의 속에 있는 영 외에 누가 알리요. 이와 같이 하나님의 일도 하나님의 영 외에는 아무도 알지 못하느니라."(고전 2:11)

영적인 영역 안에서 일어나는 일은 오직 영의 눈을 통해서만 볼 수 있다. 우리 영이 새롭게 태어나야만 하나님과 제대로 소통할 수 있다.

> "영접하는 자 곧 그 이름을 믿는 자들에게는 하나님의 자녀가 되는 권세를 주셨으니 이는 혈통으로나 육정으로나 사람의 뜻으로 나지 아니하고 오직 하나님께로부터 난 자들이니라."(요 1:12~13)

03 데이빗 데미안의 메세지

우리의 영이 새롭게 태어나면 하나님과 소통할 수 있는 역량이 그 영 안에 주어진다. 그러면 하늘과 땅 사이에 연결고리가 생긴다. 그 영적 연결고리를 통해 수시로 하나님과 소통하게 된다. 하나님은 불가능을 가능케 하시는 분이기에 믿을 수 없는 꿈만 같은 사실이 믿어지며 그것이 실재가 된다. 결국 나와 하나님의 관계는 내 속의 영과 하나님의 영 사이의 관계라고 할 수 있다.

생각을 뛰어넘어 영을 새롭게 하라

우리는 극도로 인간의 사고만을 강조하는 사회에서 살고 있다. 이런 사회에서는 모든 것이 우리 생각을 통과해야 한다. 모든 지식의 습득과 이성적 행동이 우리 사고를 통해서만 이뤄진다. 우리 인생의 모든 일들은 영이 중심이 아니라 사고가 중심이 되어 이뤄진다. 여기에서 치명적 문제는 우리의 생각은 거듭나지 않았다는 것이다. 감정과 육체도 마찬가지다. 우리 몸은 언젠가는 병이 든다. 거듭난 몸이 아니기 때문이다. 언젠가 이 육을 벗어버리고 영광스런 몸을 입게 되면 더 이상 병들지 않는다. 그러나 지금 우리에게는 육신의 제한된 몸이 있을 뿐이다.

우리는 아직 구속 받지 못한 세상에서 살고 있기에 생각도 거듭나지 않았다. 바울은 우리의 마음(생각)이 변화를 받아야 한다고 했다. 왜 생각이 변화를 받아야 하는가?

> "너희는 이 세대를 본받지 말고 오직 마음을 새롭게 함으로 변화를 받아
> 하나님의 선하시고 기뻐하시고 온전하신 뜻이 무엇인지 분별하도록 하
> 라."(롬 12:2)

우리가 생각을 새롭게 해서 변화를 받으면 선하시고 온전하시고 기뻐하시는 하나님의 뜻을 알게 된다는 것이다. 만일 내 생각이 새로워지지 않으면 나는 하나님의 뜻을 알 수 없다. 이것은 신자에게는 비극이다. 믿음의 대상이신 하나님의 뜻을 아는 것보다 더 중요한 일이 어디 있겠는가? 분명한 것은 우리의 생각이라는 사고의 틀이 바뀌지 않으면 하나님의 뜻을 알거나 그분을 경험할 수 없다. 지금 대부분의 크리스천들은 여전히 생각에 지배당하는 삶을 살고 있다. 그래서 크리스천이라고 하더라도 하나님 뜻이 뭔지를 전혀 모르는 사람들이 많다. 이 상황으로부터 탈피하기 위해서는 거듭나야 한다. 거듭나면 생각이 변화를 받는다. 거듭나면 우리 안에 활성화되고 깨어나는 영역이 있다. 그것이 영이다. 거듭날 때에 우리는 혈과 육이 아니라 영으로 다시 태어나는 것이다.

영은 볼 수 있다. 말할 수 있고 느낄 수 있다. 영으로 다시 태어나게 되면 육신의 눈으로 보는 것과 동시에 영의 눈으로도 보게 된다. 육으로 생각하면서 영으로 하나님의 생각을 알게 된다.

주의 성령을 통해 새롭게 태어났기 때문이다. 하나님의 영은 하나님의 생각을 안다. 그 영이 나의 영과 소통하며 하나님의 마음을 알려주는 것이다. 어떤 일이 생길 때마다 내 영이 말한다. "이것이 하나님이 뜻이야." "이것은 하나님의 뜻이 아니라고."

영의 눈이 뜨이게 되면 육의 생각과 마찰이 일어날 수 있다. 육의 생각은 이렇게 말한다. "너 미쳤어? 그것은 불가능해!" 그러나 영은 그것이 하나님의 뜻이며 전혀 불가능하지 않다고 주장한다. 육의 생각과 영의 생각이 갈등을 일으키게 된다. 이것은 육의 생각에서 영의 생각으로 통과하는 과정에서 얼마든지 일어날 수 있다.

크리스천이 성숙해진다는 의미는 시간이 지날수록 육의 생각을 내려놓고 영의 생각을 받아들인다는 뜻이다. 변화를 받아들여야 한다. 지속적으로 새로워지지 않으면 우리의 영이 성령님과 함께 갈 수 없다.

이 땅에서 그리스도인으로 살아가는 데 있어 우리의 문제는 우리의 생각 안에 너무나 많은 지식이 들어 있다는 것이다. 우리가 육적으로 너무나 똑똑하다는 것이 문제다. 언제나 내 마음의 생각과 영의 생각이 평행선을 이룬다. 대부분이 결국 자신의 지식과 경험에 따라 결정된다. 그래서 우리 삶에 돌파와 기적이 그렇게 적거나 없는 것이다. 진정한 돌파를 경험하기 위해서는 내 안의 영의 소리를 들어야 한다.

겸손히 주님을 갈망하며 내면의 영의 소리를 들을 때, 돌파를 경험할 수 있다.

지금 이 시즌에 주님은 당신의 나라를 이 땅에 세우기 원하신
다. 우리의 왕국이 아니라 하나님의 나라다. 하나님은 우리보다
지식이나 생각이 부족하신 분이 아니다. 하늘과 땅이 먼 것처럼
우리와 하나님 사이에는 건너기 힘든 커다란 능력의 차이가 있
다. 하나님은 이미 우리를 위한 놀라운 계획을 세워두셨다. 하나
님은 우리가 당신을 대신해 계획 세우는 것을 원치 않으신다. 우
리가 태어나기 전부터, 이 세상의 기초가 놓이던 그 순간부터 하
나님은 계획을 세우셨고 그 계획을 다 이루셨다.

겸손(Humble)과 숨김(Hidden), 거룩(Holy)

그래서 우리는 겸손해야 한다. 내가 항상 강조하는 2H가 있다. 겸손(Humble)과 숨김(Hidden)이다. 여기에 거룩(Holy)을 더하면 3H가 된다. 우리는 스스로 아무것도 알지 못한다는 사실을 알아야 한다. 세상적으로 아무리 똑똑해도 영적으로 무지한 자가 될 수 있다. 똑똑하고 복잡한 사람들은 하나님의 인도하심을 받기 어렵다. 단순한 사람들, 자기는 아무것도 아니라는 사실을 고백하는 겸손한 사람들이 훨씬 더 성령 충만함을 받기 쉽다. 단순한 사람들은 복잡한 사람들보다 더 쉽게 영으로 기도한다.

다른 사람 이야기를 할 필요가 없다. 내가 이 일의 증인이다. 나는 외과 의사 출신이다. 어렵게 의사 공부를 했고, 의사가 되었다. 의사로서 나는 어떻게 사고해야 할지를 알고 있으며 대부분의 생각이 사전에 프로그램화 되어야 안전감을 느낀다. 물론 외과 의사가 그 같은 주도면밀한 사고를 하지 않거나, 머릿속에 모든 수술 절차를 프로그램화 해놓지 않는다면 커다란 낭패를 볼 수 있다. 우리 외과 의사들은 환자를 앞에 놓고 날카롭게 사고해야 한다. 수술용 칼로 환자의 정확한 부위를 절개해야 한다.

내가 아마 여호수아 시대에 살았더라면 수없이 하나님을 밀어붙이며 질문 공세를 폈을 것이다. "하나님, 도대체 왜 그리 멍청하세요? 여리고 성을 7일간 일곱 바퀴를 돌라고요? 왜 돌아야 하는데요? 돌더라도 하루면 충분한데 왜 7일이나 시간을 낭비

겸손과 숨김, 거룩은 개더링이 추구하는 소중한 가치다. 데미안 목사가 통역하는 이 엘리야 선교사와 함께 무릎 꿇고 청중들에게 말하고 있다.

해요?"

나는 여리고성 공략을 위해 하나님의 계획보다 더 좋은 전략을 세울 수 있을 것 같다. 이집트인 외과 의사 생각으론 여리고성을 일곱 바퀴 도는 것은 너무나 바보 같은 짓이다. 과연 돈다고 성벽이 무너질 것인가? 내 생각의 체계로는 도저히 이뤄질 수 없는 일이다.

여리고성 이야기뿐만이 아니다. 사사기에서 기드온이 삼백 용사와 함께 미디안을 치러갈 때에 어떻게 했는가? 기드온은 삼백명을 세 대로 나눠 각 손에 나팔과 빈 항아리를 들리고 항아리 안에는 횃불을 감춰 미디안 진영을 급습하려 한다. 이게 도대체 말이 되는가? '급습'하러 가는데 나팔이 무엇이며, 횃불은 또 무

> 하나님은 우리 인생의 주인이며 왕이 되시기 원하신다. 궁극적으로는 우리의 생명을 받으시려 하신다.

엇인가? 그것은 기드온의 전략이라기보다는 하나님이 알려준 전략이다. 그러므로 하나님의 전략이다. 모든 하나님의 전략이 인간의 눈에는 바보 같아 보인다.

밤새 고기를 잡지 못한 베드로에게 부활하신 예수님이 다가가 "깊은 데로 가서 그물을 던져라"고 말하신다. 베드로는 '천상 어부'다. 고기잡이와 관련해 그에게 새삼 무슨 충고가 필요하겠는가. 더구나 예수님은 그 방면의 전문가가 아니다.

이런 성경의 이야기들은 무엇을 말하고 있는가? 하나님의 전략대로 했을 때, 인간의 지혜와 경험으로는 불가능한 일들이 숱하게 벌어졌다. 하나님은 우리 생각과 사고의 혁명적 변화를 원하셨다. 그분은 이 땅을 경영하는데 있어 당신의 전략대로 하고 싶어 하신다. 그럼으로써 세상에 기울어졌던 우리의 삶을 되찾아오기 원하신다. 자신에게 원래 속했던 모든 것을 되찾고 싶어 하신다.

하나님이 되찾으시려 하신다. 우리의 일터에서 원수들에게 빼앗긴 것들을 다시 찾으려 하신다. 우리의 가정과 비즈니스는 우리 것이 아니다. 하나님이 맡겨주신 것이다. 세상에 본래부터 내 것인 것은 하나도 없다. 모든 것이 하나님으로부터 왔다. 우리는 단지 청지기일 뿐이다. 하나님은 당신의 것을 우리와 나누지 않으신다. 결코 타협하지 않으신다. 지금 우리 생각에 가득차 있는 것이 무엇인가? 하나님이 내 인생의 주인인가, 아니면 내 마음 속 가득한 그것이 주인인가? 하나님은 우리 인생의 주인이며, 왕이 되시기 원하신다. 궁극적으로는 우리의 생명을 받으시려 하신다.

언제나 당신의 말은 '예'와 '아멘'입니다

만일 우리가 하나님과 논쟁하며 우리 생각대로 살고 있다면 결국은 하나님을 대적하고 있는 셈이다. 하나님은 왜 우리에게 이해되지 않는 전략을 주시는가? 그것은 시험이다. 예배에 관한 것이다. 과연 우리가 누구에게 예배를 드리고 있느냐의 질문이다. 하나님을 우리 인생의 가장 높은 자리에 올려 드리면서 그분을 경배하고 있느냐의 문제. 그런 마음이 없이 행해지는 모든 예배행위는 가식일 뿐이다. 죄송하지만 좋은 찬양을 부르는 것이 예배가 아니다. 하나님을 예배한다고 하면서 사실은 머리에 가득한 것들을 예배하고 있을 수 있다.

하나님이 우리 생각에 무모하게 보이는 전략을 주셨을 때에 원수는 교묘하게 우리 생각을 타고 들어와 말한다. "이봐, 정신 차리라고. 저게 말이 되는 일이야? 상식적으로 생각해 봐. 당신의 하나님은 상식을 주셨잖아. 배운 것을 지금 써보라고." 이제는 하나님의 음성보다 사탄의 음성이 더 크고 그럴듯하게 들려

온다. 이때야말로 위기의 순간이다. 이런 순간에 하나님의 사람들은 이렇게 기도해야 한다. "주님, 솔직히 이해되지 않습니다. 그러나 저는 오직 당신만을 예배하겠습니다. 당신의 말을 '예'와 '아멘'으로 받아들이겠습니다. 당신의 음성은 제 귀와 마음에 들리는 모든 음성들 위에 있습니다. 당신의 이름만 높이겠습니다."

이런 기도와 의지를 갖고 있을 때에 우리는 하나님의 시험을 잘 통과할 수 있다. 모리아 산에 선 아브라함을 생각해 보라. 그역시 무수히 질문했을 것이다. "주여, 이삭을 바치라뇨. 도대체 제게 왜 그러시는데요? 당신이 주신 이삭을 왜?" 아브라함은 무수한 번민과 갈등 속에서도 하나님의 신실하심을 믿었다. 그는 마음의 괴로움을 통과했다. 하나님을 선택했다. 결국 그도 살고, 이삭도 살았다. 그 결과, 아브라함에게는 '믿음의 조상'이라는 별칭이 붙게 되었다.

이해되지 않지만 '예'와 '아멘'으로 응답하며 하나님께 예배드릴 때, 새 길이 열린다. 우리는 매일 선택해야 한다. 하나님께 예배를 드릴지, 마음에 가득한 것을 예배할지를. 그것이 우리가 치러야 할 매일의 프로세스다. 우리는 선택에 대한 책임을 져야 한다.

이런 프로세스는 애벌레가 나비가 되는 과정과 같다. 나는 죽어야 한다. 애벌레는 번데기가 되어 그 속에서 죽어야 한다. 그래야 나비로 변형이 된다. 바울이 로마서 12장 2절에 기록한

"마음을 새롭게 하여 변화를 받는다"는 말은 바로 애벌레가 나비로 변형되는 것을 의미한다. 단순한 변화 정도가 아니다. 이미 죽어버린 것 같은 번데기에서 생명이 약동하며 끝내 나비가 날아오르는 것이다.

변화를 받아 새롭게 되면 이전의 우리 모습은 사라진다. 사람들은 날아다니는 화려한 나비를 보고 도저히 애벌레와 번데기를 생각할 수 없다. 마찬가지로 우리의 변화된 모습에서 사람들은 과거의 죄인 된 존재를 찾아볼 수 없게 된다. 그래서 하나님이 이뤄주시는 변화는 트랜스포메이션(transformation·변혁)인 것이다.

이제 내려놓고 영의 소리에 귀 기울이라

이제 우리는 애벌레와 번데기의 시즌을 끝내고 나비의 시즌을 시작해야 한다. 이 나비의 시즌에는 우리의 생각을 끊임없이 새롭게 해야 한다. 더 이상 우리의 생각이 하나님의 뜻과 씨름하지 않는 순간에 이를 때까지 말이다. 우리는 바보가 아니다. 이다음에 뭐가 있을지를 예측할 수 있다. 그런데 이 세상 지혜는 하나님 앞에서는 어리석기 그지없다. 나는 하나님과 계속 사귀면서 의사로서의 날카로운 나의 생각을 떠나보내어야 했다. 나로서는 익숙한 것과 결별하는 것이었다. 그 과정은 아주 힘들었다. 애벌레가 죽어 번데기가 되듯 나를 죽여야 했다. 나를 죽일수록 주님이 주인 되어 주시고, 결국 내 인생의 왕이 되신다. 나를 죽였다고 생각해도 자꾸만 다시 살아난다. 우리는 여전히 사탄도 영향력을 발휘하려 하는 이 대기권 아래의 삶을 산다. 그래서 꿈틀꿈틀 내 자아가 살아난다. 다시금 내 생각에 돌아가려 할 때마다 성령님이 말씀하신다. "기억해라. 네가 가진 모든 것이 내 것이었다는 사실을. 내 자리를 돌려다오. 그게 네가 사는 길이야."

나는 한국의 가족들, 아니 한국의 모든 크리스천들에게 호소한다. "이제는 내려놓으시라." 여러분의 지혜와 생각을 내려놓고 영의 소리에 귀를 기울이시라. 주님 앞에 겸손히 엎드려서 고백하시라. "말씀하소서. 제가 듣겠나이다."

아들이 아버지에게 와서 "아빠, 아빠가 뭘 원하시는지 말해 주세요. 저는 이제부터 아빠가 원하시는 것만 하고 싶어요"라고 말했다고 해 보자. 그런 자녀가 얼마나 사랑스럽겠는가? 그 이야기를 듣고 "그래? 그럼 이제부터 내가 너를 컨트롤 할 거야"라고 말하는 아버지가 있겠는가? 진짜 아버지라면 그럴 수 없다. 그런 자녀에게 아버지는 이제 본심을 이야기 한다. "얘야, 내가 가진 모든 것이 네 것이란다. 너는 나의 사랑 받는 자녀란다. 그러니 안심하거라."

우리는 어떤 일을 할 때에 하나님의 뜻대로 하려 하지만 자주 플랜 B와 플랜 C를 세운다. 하나님은 우리 안에 뭔가 감춰진 계획이 있다면, 숨겨진 동기가 있다면 자신의 온전한 뜻을 드러내지 않으신다. 우리는 주님께 "제발 말씀해주세요. 그대로 하겠습니다"라고 하지만 주님은 말씀하지 않으신다. 그러면 우리는 가차 없이 플랜 B를 착수한다. 그럼으로써 평생 플랜 A를 이루지 못한다.

> 하나님은 우리 안에 뭔가 감춰진 계획이 있다면, 숨겨진 동기가 있다면 자신의 온전한 뜻을 드러내지 않으신다.

하나님은 자신의 영광을 결코 나누시지 않는다

내가 의사로 일하다 하나님의 부르심을 받아 의료계를 떠난 초기에 한 교회에서 말씀을 전해달라는 요청을 받았고 가기로 했다. 그 당시 나는 아주 급진적인 크리스천(Radical Christian)이었다. 주님이 말씀하지 않으시면 절대로 어떤 말도 하지 않았다. 교회에서 전할 말씀에 대해 주님의 응답을 기다렸다. "주님, 말씀해주세요." 그러나 아무런 소리도 들리지 않았다. 교회에 갈 날이 일주일밖에 남지 않았는데도 하나님은 침묵하셨다. 초조했지만 나 역시 아무런 준비를 하지 않고 하나님이 주실 것을 기대했다. 하루 전에도 아무 음성이 없었다.

당일 날 그 교회에 가려고 차에 올라탔지만 하나님의 침묵은

이어졌다. 찬양이 시작되었다. '이제는 주시겠지'라고 생각했지만 여전히 아무 소리도 없었다. 물론 나는 과거에 설교했던 것들을 모두 끄집어내어 말씀을 전할 수 있었다. 그러나 내 안에 주님 음성에 따라 살겠다는 강한 갈망이 있었기에 나의 경험과 지식을 내려놓았다. 주님이 말씀하시지 않으시면 나는 아무 말도 할 수 없었다. 약 600명 정도 모인 것 같았다. 이윽고 담임 목사님이 나를 소개했다. 그 순간까지도 전할 아무 내용이 없었다. 강대상으로 가는데 주님이 말씀하셨다. "네 입을 열어라. 내가 채우리라." 청중들 앞에 섰다. 강대상 위에 성경을 올려놓았다. 입을 열었지만 아무런 이야기도 나오지 않았다. 아직 메시지는 주어지지 않았다. 강대상에 선 내가 아무런 말을 하지 않자 성도들이 이상한 듯 나를 쳐다보았다. 그들에게 이야기 했다.

"여러분의 교회로부터 초청받았을 때, 저는 기도하고 초청에 기쁘게 응했습니다. 그때부터 주님이 저에게 주실 메시지를 기대하며 기다리고 있었습니다. 그런데 강대상에 오른 이 순간까지 하나님으로부터의 메시지가 주어지지 않았습니다. 저는 여러분들이 인간인 저의 말보다는 하나님의 음성을 듣기 원합니다. 이 시간, 저를 위해 기도해 주십시오."

성도들은 '저 사람, 도대체 누구야?'라는 식으로 나를 쳐다보면서도 불쌍한 마음이 들었는지 기도를 시작했다. 당시 나는 20대 말로 상당히 젊었다. 성도들은 이제 내게서 어떤 메시지를 듣기보다는 측은지심이 발동돼 나를 위해 기도하기 시작한 것이다. 설교자로서의 나의 존엄성은 완전히 사라졌다. 기도를 받고 있는데 갑자기 변화산 이야기가 생각이 났다. 너무 정신이 없어 성경의 변화산 이야기가 정확히 어디에 있는지도 제대로 기억이 나지 않았다. 내 뒤에 4명의 교회 리더가 앉아 있었다. 그들에게 물었다. "혹시 변화산 이야기가 성경 어디에 기록되었는지 기억하세요?" 그들은 정말 기가 막혀 했을 것이다. 리더 중 한 명이 본문을 알려줬다. 성경을 펼쳐 읽기 시작했다.

> "엿새 후에 예수께서 베드로와 야고보와 요한을 데리시고 따로 높은 산에 올라가셨더니 그들 앞에서 변형되사 그 옷이 광채가 나며 세상에서 빨래하는 자가 그렇게 희게 할 수 없을 만큼 매우 희어졌더라. 이에 엘리야가 모세와 함께 그들에게 나타나 예수와 더불어 말하거늘 베드로가 예수께 고하되 랍비여 우리가 여기 있는 것이 좋사오니 우리가 초막 셋을 짓되 하나는 주를 위하여, 하나는 모세를 위하여, 하나는 엘리야를 위하여 하사이다 하니 이는 그들이 몹시 무서워하므로 그가 무슨 말을 할지 알지 못함이더라."(막 9:2~6)

변화산 이야기를 읽으며 나 역시 몇 초간 베드로처럼 무슨 말을 할지 알지 못했다. 그때 성령께서 말하셨다. "나는 예수님 옆에 모세와 엘리야가 서 있는 것을 용납할 수 없다. 주 하나님은 결코 영광을 나누시지 않는다. 지금까지 네 삶 속의 많은 것들이 예수님을 대적하는 것들이었다. 너는 어찌 네 삶에 있는 그런 것

중동의 여성 크리스천들이 뜨겁게 기도하고 있다.

들을 참을 수 있느냐? 언제까지 참겠냐는 말이다.”

깊은 찔림이 왔다. 나는 울기 시작했다. 눈물이 너무 나와 더이상 성경을 읽을 수 없었다. 그래서 이야기를 빨리 끝내고 싶었다. 손수건을 꺼내 눈물을 닦고 다시 본문을 읽으려했다. 그것이 그날 예배에서 내가 했던 마지막 행동이었다. 갑자기 성령이 사람들 위에 임했다. 많은 사람들이 눈물을 흘리며 통회, 자복하기 시작했다. “나는 자유해”라는 외침이 들려왔다. 어떤 남자 성도는 일어나서 울부짖듯이 고백했다. “그동안 하나님을 대적하며 말씀에 불순종했습니다. 나는 무늬만 크리스천이었습니다. 이제부터는 주님 원하시는 삶을 살겠습니다.”

한 여성 성도는 일어나 비명을 지르듯 외쳤다. “아들아, 내가 너를 용서한다. 내가 너를 풀어준다." 이집트 문화에서 여성은 교회에서 비명은커녕 큰소리도 내지 않는다. 그러나 압도하는 성령의 임재 속에서 그녀는 외치지 않으면 견딜 수 없었던 것이다. 예배당 곳곳에서 이런 현상들이 벌어졌다. 무려 4시간 동안 지속됐다. 어느 누구도 그 예배를 이끌어 가지 않았다. 나는 한마디도 하지 않았다. 성경 본문도 다 읽지 못했다. 단지 주님은 나를 완전히 무장해제 시키셨다. 나를 발가벗겨 의사 출신 목회자의 존엄성이 완전히 사라져 철저히 겸손해지는 순간까지 인도하신 것이다.

하나님은 그분의 영광을 절대로 우리와 나누지 않으신다! 우리가 철저히 낮아져 겸손의 극치에 도달하면 하나님은 자신의 영광을 보여주실 것이다. 지금 하나님이 한국 땅에서 원하시는 것이 바로 그것이다.

코리아를 위한 기도

한반도의 시즌이 바뀌었다. 더 이상 과거의 부흥과 같이 왔다가 사라지는 그것을 구하는 시즌이 아니다. 이제 주님이 방문만 하시고 다시 떠나시는 것에 도저히 만족할 수 없다. 우리의 목표는 주님이 우리 안에 거하는 것이다. 우리가 '주님이 거할 처소'가 되어 주가 내 안에 거하시고, 내가 주 안에 거하는 것이다.

하나님은 이 한국 땅에 그분의 나라를 세우기 원하신다. 한국인들이 하나가 되기를 소망하신다. 그리고 하나님 나라를 세워 그 나라의 왕이 되고자 하신다. 지금이 바로 이 때다. 뜻이 하늘에서 이뤄진 것처럼 이 땅 가운데에서도 이뤄지기를 갈망하신다.

이 시간, 내 마음을 다해 하나의 코리아를 위해 기도하고 싶다.

오, 하나님. 코리아가 다시 한 번 어린아이와 같이 되기 원합니다. 이 땅 사람들의 영을 깨우고 생각을 변화시켜 주십시오. 그들 안의 영과 하나님의 영 사이에 친밀한 사귐이 일어나게 하소서. 하나님의 일을 다 이해하지 못해도 영으로 하나님의 일에 동참하게 하소서.

지금, 코리아는 새로운 출발선에 섰습니다. 출발선에서 필요한 것은 주 예수 그리스도뿐입니다. 이것을 머리가 아니라 가슴으로 받아들이게 해 주십시오. 새로운 시즌에 섰다는 것, 주님이 새 일을 행하실 것이라는 사실을 믿게 하소서. 주님, 코리아에 흔들리는 모든 것을 흔들어주셔서 결코 흔들리지 않는 당신의 나라를 세워 주십시오.
이 땅의 수많은 그리스도의 몸 안에 당신의 나라가 세워지게 해 주십시오. 특별히 이 땅 사람들이 주님의 가족 되게 해 주시기 바랍니다. 잃어버린 주님의 가족을 되찾게 하소서. 누구든지 주 예수 그리스도와 연합하면 새로운 출발을 할 수 있습니다. 주님과 연합하면 새롭게 창조되어 옛 것은 지나고 새 것이 됩니다. 이 비밀을 깨닫게 해 주십시오.

이 코리아 방방곡곡에 새로운 삶이 싹트게 해 주십시오. 막혀진 우물에서 생수가 터져 나오게 하소서. 우물물아 솟아날 지어다. 이 모든 새로운 것은 우리와 가족 관계를 맺으시고, 우리 각자를 부르셔서 서로 가족이 되게 하신 하나님께로부터 온다는 사실을 받아들이게 하소서.

오, 하나님. 북한 땅을 흔들어 주십시오. 그 땅에 주의 영으로 인한 자유가 들어가게 해 주십시오. 북녘의 주의 백성들을 구원해 주십시오. 남쪽도 하나의 코리아를 준비하도록 교회와 크리스천들의 마음의 용량을 넓혀주십시오.
남과 북의 사람들이 이 새로운 시즌을 준비하게 해주십시오. 이 새로운 시즌에 오직 주님만이 한반도에 마련된 당신이 보좌에 앉으십시오.

주님, 이것을 위해 기꺼이 헌신할 사람들이 필요합니다. 자신을 내려놓고 주님의 나라를 위한 대의에 희생할 사람들이 필요합니다. 그들을 준비시켜 주실 줄 믿습니다. 매일 우리의 생각이 주님의 영과 교통하게 하소서. 이것이 우리의 거룩한 습관이 되게 해

주십시오. 가정과 직장, 학교, 사무실, 산업 현장에서 주님의 나라를 위해 헌신하는 사람들이 구름처럼 일어나게 하소서. 그래서 끝내 이 한반도가 주님의 기쁨이 되게 해 주십시오.

주기도문이 우리 삶의 본문이 되게 하소서. 우리 삶에서 살아계신 주를 찾기 위해 기꺼이 위험을 무릅쓰게 해 주십시오. 그동안 저희들 열심히 살았습니다. 그러나 이제 내려놓습니다. 오시옵소서. 주님, 이 새로운 시즌에 한반도를 위해 일하시옵소서.
한반도의 보좌에 앉아 주십시오. 그리고 다스려 주십시오.

아멘.

지금 전 세계에 오직 하나님의 뜻만을 순종하기 원하는 거룩한 남은 자들이 있다. 그들의 기도 소리가 울려 퍼지는 한, 세상이 아무리 어두워도 빛은 사라지지 않는다. 끝내 승리한다. 개더링에서 수많은 사람들이 하나님의 임재를 추구하는 장엄한 모습을 보라. 주님을 추구하는 자들이야말로 이 시대의 남은 자들이다.

04
개더링이 열방을
살린다

"개더링이 나를 살리고 교회를 살렸습니다"

백 주 석 목사(포도원교회 담임)

저는 항상 요한복음 4장 24절에 기록된 것과 같이 '영과 진리'로 예배하기를 갈망합니다. 성령께서 모든 진행을 주도하시는 '성령의 프리스타일'(free style)적인 예배를 원하고 있습니다. 저희 교회는 이를 위해 많은 노력을 기울여 왔고 많은 변화들이 있었습니다. 지금도 그 변화는 진행 중입니다. 예배 가운데 성령의 역사가 자유롭게 드러나는 것을 방해하는 요소들은 항상 있어왔습니다. 그 일차적 책임은 목회자인 제게 있다는 것을 인정하면서도 오랫동안 관행처럼 정형화 돼버린 예배 스타일을 한꺼번에 바꾼다는 것이 쉽지 않았습니다. 화석처럼 굳어진 신학적 견해와 도그마(dogma)에 사로잡혀서 괜히 긁어 부스럼을 만들어 저항과 충돌을 유발시키지 않겠다는 현실적 이유도 관행적 예배 형태에 머무르게 한 요소들이었습니다. 강력한 성령의 기름부으심을 구하며 매일 말씀과 기도에 파묻혀 살면서도 완전하게 내려놓지 못한 나의 성향이 성령의 역사를 제한시키고 적잖이 성령을 근심케 한 우를 범하게 했습니다.(엡 4:30) 하지만 지금은 성령께서 기뻐하시지 않는 것들을 과감히 하나씩 벗겨내고 있습니다. 마치 다윗이 법궤를 맞이할 때 너무 기뻐서 왕의 체통도 아랑곳하지 않고 덩실덩실 춤을 추었듯이, 하나님께서 기뻐하시는 예배를 드리기 위해서라면 '바보 같은 목사'라는 평가도 마다하지 않기로 했습니다.

본래 저는 전형적인 '권위적 리더'였습니다. 새벽마다 매일 직분자들의 출석을 체크할 정도로 반 율법적이며 강압적인 목회를 해왔습니다. 모든 점에서 모범을 보여야 했던 저는 항상 일찍 일어났고 늦게 잠자리에 들어야 했습니다. 하루에 4시간씩만 자면서 30년 이상을 매일 새벽기도회와 저녁기도회를 직접 인도해왔습니다. 목회 가운데 수많은 죽은 영혼들이 살아났고 침체에 빠진 이들이 힘을 얻었습니다. 마치 초대교회를 방불케 하는 표적과 기사들이 다반사로 일어났습니다. 그런 가운데 저희 교회는 성전건축을 네 번이나 할 정도로 부흥했습니다. 하지만 저는 '리더'였을 뿐, '아비'는 결코 아니었습니다. 이를 깨닫게 된 결정적 동기가 바로 '개더링'(Gathering)과의 만남이었습니다.

거슬러 올라가면 5년 전의 일입니다. 2015년 5월 어느 날, 목회실에서 기도를 하고 있는 데 방문객들이 찾아왔습니다. 데이빗 데미안 목사와 기드온 추 목사가 한국교회 지도자 몇 분과 함께 오셨습니다. 그날 저녁, 함께 예배를 드리는 중에 '아비 목회'에 대한 부르심(Calling)이 있었습니다.

> "보라 여호와의 크고 두려운 날이 이르기 전에 내가 선지자 엘리야를 너희에게 보내리니 그가 아버지의 마음을 자녀에게로 돌이키게 하고 자녀들의 마음을 그들의 아버지에게로 돌이키게 하리라 돌이키지 아니하면 두렵건대 내가 와서 저주로 그 땅을 칠까 하노라 하시니라."(말 4:5-6)

하나님은 "단순한 아비가 아니라 이념과 동·서, 혈육과 모든 세대를 뛰어 넘는 진정한 아버지가 돼라"고 저를 부르셨습니다. 이는 중보의 차원을 뛰어넘는, 그들 모두를 품어야 하는 행동강령이었습니다. 당연히 자격미달이라고 생각한 저는 "할 수 없습니다"라고 거절했지만 성령께서는 다섯 번까지 거절하는 제 마음을 책망하셨습니다. "네가 또 한 번 거절하면 너는 끝이다." 성령의 경고에 덜컥 겁이 났습니다. 그것이 무엇을 의미하는지를 너무나 잘 알고 있었기 때문입니다. 결국 저는 순종했습니다. 순종하기로 결정한 이후부터 지금까지, 저는 너무나 행복한 삶을 살며 행복한 목회를 하고 있습니다. 저 개인뿐 아니라 함께하는 모든 이들과 교회에 동일한 '언약성취'와 '하나 됨'의 비밀들이 풀어지고 있습니다.

2016년 부산 코리아 개더링, 2017년 광주 코리아 개더링,

2018년 제주 글로벌 개더링, 각 지역마다 투어를 하면서 올려 드린 '원 하트 개더링'(One heart Gathering), 열방에서 함께 드려진 많은 예배들에서 개인이나 개 교회로서는 도저히 경험할 수 없는 강력한 응답과 데스티니가 풀어지는 것을 목도했습니다. 개더링은 관행처럼 드리는 또 한 번의 예배가 아닌 정확한 카이로스의 때에 하나님의 마음을 풀어내는 강력한 예배였습니다. 그야말로 영적전쟁의 실체였다고 자신 있게 말할 수 있습니다.

진심으로 고백하건대, 개더링이 저를 살리고 교회를 살렸습니다. 아니, 개더링을 통로로 성실하신 하나님께서 저와 교회를 살려주신 것입니다. 이제 저희 교회는 하늘에서 이뤄진 하나님의 뜻을 이 땅 가운데 내려오게 하는 데 모든 초점을 맞추고 있습니다. 예배가 강력해지면서 교회 내에 심령의 깨어짐과 온유함, 관계의 유연성이 살아나고 있습니다. '임재와 기름부음'이 강하게 나타나고, 하나님의 언약들이 이루어지며, 다음 세대들이 역동적으로 일어나고 있습니다. 자동적으로 교회는 부흥하고 있으며 무엇보다도 교회 구성원 모두가 행복해 하고 있습니다. 요엘 선지자의 예언의 말씀이 성취되고 있는 것입니다.

"그 후에 내가 내 영을 만민에게 부어 주리니 너희 자녀들이 장래 일을 말할 것이며 너희 늙은이는 꿈을 꾸며 너희 젊은이는 이상을 볼 것이며 그 때에 내가 또 내 영을 남종과 여종에게 부어 줄 것이며"(욜 2:28-29)

지상에 있는 모든 교회는 한몸, 즉 '하나'입니다. 우리 주님은 지상에서의 마지막 기도를 하나님께 이렇게 올려드렸습니다.

"아버지여, 아버지께서 내 안에, 내가 아버지 안에 있는 것 같이 그들도 다 하나가 되어 우리 안에 있게 하사 세상으로 아버지께서 나를 보내신 것을 믿게 하옵소서. 내게 주신 영광을 내가 그들에게 주었사오니 이는 우리가 하나가 된 것 같이 그들도 하나가 되게 하려 함이니이다. 곧 내가 그들 안에 있고 아버지께서 내 안에 계시어 그들로 온전함을 이루어 하나가 되게 하려 함은 아버지께서 나를 보내신 것과 또 나를 사랑하심 같이 그들도 사랑하신 것을 세상으로 알게 하려 함이로소이다."(요 17:21~23)

예수님의 기도에서 보이는 핵심 요소는 '하나 됨'과 '사랑'입니다. 세대와 세대를 넘어 부모와 자녀들이 하나님의 비전을 공유하고, 교회와 교회의 벽, 이념과 이념의 벽, 나라와 나라의 벽을 허물어야만 가능한 이 기도를 우리 주님이 드리셨습니다. 그리고 제자들과 오늘 우리의 교회들을 향하여 똑같이 실천할 것을 명령하고 있습니다. 아가페(Agape)의 사랑에는 아무런 조건이 없습니다. 원수까지도 품어야 합니다. 분열을 조장하는 '편가르기'는 하나님의 무조건적인 사랑에 역행하는 행위입니다. 이 땅의 어느 지도자도 분열과 분쟁을 조장할 권리는 없습니다. 우리는 모든 벽과 차이를 뛰어넘어 '하나'가 되어야 합니다. 이것이 '한몸 된 교회'요, '가족'(family)입니다.

백주석 목사가 제주 개더링에서 독일 성도들이 선물한 '베를린 장벽 돌'을 들어 보이고 있다.

 마지막으로, 한국교회에 호소합니다. 2020년에 열리는 '서울 코리아 개더링'(Korea Gathering in Seoul)은 통일한국의 문을 여는 아주 중요한 모임이 될 것입니다. 애굽의 노예상태에 있었던 이스라엘 백성들이 마음을 모아 간절히 부르짖고 그 응답으로 전격적인 출애굽이 진행되었던 것처럼, 이번 개더링을 통해 '새로운 대한민국'(New Korea)이 출산되며, 한국과 중국, 일본의 연합이 이뤄질 수 있도록 한 마음으로 기도해야 하겠습니다. 우리는 서울 코리아 개더링이 하나님의 임재가 넘치는 가운데 자궁처럼 가장 안전한 자리가 되도록 마음을 모으고 있습니다. 이 일에 한국교회의 동참을 간절히 호소합니다.

 이번 개더링에서 우리는 이 땅의 교회들과 지도자들의 하나 됨을 위해 기도할 것입니다. 우리 모두 이 땅을 향한 하나님의 마음을 깊이 헤아리고 그분의 부르심에 겸손하게 엎드립시다. 지금까지 한국교회는 어려움에 처할수록 더욱 강력한 결집력을 발휘해왔습니다. 성령으로부터 비롯된 그 힘을 통해 한국교회는 국가와 민족에 선한 영적 영향력을 끼칠 수 있었습니다. 이제 다시 한 번 그 힘을 모을 때가 되었습니다. 이번 개더링이 한국교회 회복의 시작이 되기를 간절히 기도합니다.

하나님의 사람들은 자신의 꿈을 꾸기보다 먼저 하나님 그분을 꿈꿉니다. 하나님께서 열어놓으신 그 길을 우리 모두 함께 걸어갑시다. 가보지 않은 길, 불확실한 길일수록 용기와 결단이 요구됩니다. 하지만 이런 용기와 결단보다도 더 우선시 되어야 할 것이 있습니다. 바로 성령의 인도하심과 이끄심을 받는 일입니다. 한국교회가 다시 한 번 성령의 인도를 받는 능력의 교회가 되기를 소망하며 사도 바울의 고백으로 글을 맺겠습니다.

"내가 너희 가운데 거할 때에 약하고 두려워하고 심히 떨었노라. 내 말과 내 전도함이 설득력 있는 지혜의 말로 하지 아니하고 다만 성령의 나타나심과 능력으로 하여 너희 믿음이 사람의 지혜에 있지 아니하고 다만 하나님의 능력에 있게 하려 하였노라."(고전 2:3~5)

에디 마 목사에게 듣는다

에디 마 목사
(홍콩 킹덤패밀리교회 담임)

에디 마 목사는 홍콩 개더링의 중심 인물로 데이빗 데미안과 여정을 함께 하며 아시아에 개더링이 확산되는데 기여했다. 2019년 7월 26일 홍콩 아시아엑스포에서 열린 홍콩 개더링 현장에서 인터뷰했다.(인터뷰어 : **이태형 기록문화연구소장**)

🎤 에디 마 목사님, 먼저 자신에 대해서 소개해 주시기 바랍니다.

저는 홍콩에서 태어나 자라났습니다. 중학생 때 주님을 구주로 받아들이고 줄곧 믿음 생활을 했습니다. 사역자의 길을 가기위해 홍콩에서 신학을 공부 한 뒤, 목회자가 되었고 교회를 담임했습니다. 그러다 미국 애즈베리 신학대학원에서 선교학 박사학위를 받았습니다. 갑자기 주님께서 저를 홈커밍(Homecoming) 여정에 들어가게 하셨습니다. 주님의 강권적인 은혜였습니다. 제 인생에 커다란 격변이 일어났지요. 정말로 패러다임 시프트를 경험했습니다.

🎤 애즈베리 신학대학원은 웨슬리안 교단의 세계적 신학교인데 박사 학위를 취득한 이후 홍콩에 들어와 목회를 하셨나요?

그렇습니다. 침례교 소속 목회자로서 25년간 침례교회를 목회했습니다.

🎤 개더링과는 어떻게 연결되셨나요?

2000년경에 데이빗 데미안 목사가 홍콩에 오셨습니다. 그는 나를 비롯한 홍콩의 목회자들에게 캐나다의 개더링에서 어떤 일이 일어났는지를 알려줬습니다. 나는 캐나다 개더링이 연합을 위한 크리스천들의 모임이거나 기도 여정이라고 생각했습니다. 사실 그때는 별로 주목하지 않았지요. 그런데 데미안 목사가 대만에 갈 때 나와 몇 홍콩의 목회자들에게 동행하자고 했습니다. 우리는 그와 대만 여정을 함께 하며 메시지를 들었습니다. 특별히 하나님의 거할 처소가 되는 것, 하나님의 음성을 듣는 법 등에 대한 메시지는 내게 아주 새로운 것이었습니다. 마음속에서 '이것이야말로 내가 오랫동안 갈망하고 추구했던 것이다'라는 생각이 들었습니다. 목회자로서 나는 아주 바빴습니다. 교회 사역과 각종 미팅, 가르침, 설교, 심방 등으로 눈코 뜰 새가 없었습니다. 수시로 집사나 장로들에게 사역에 대해 일종의 보고를 해야 했습니다. 때론 내가 교회가 아니라 일반 회사에서 일하는 것 같았습니다.

그러다 데미안 목사님의 메시지를 들었을 때, 그것이야말로 내가 진정으로 원하는 것이라는 확신이 왔습니다. 하나님과의 깊은 관계, 형제자매들과의 긴밀한 관계, 그분의 임재에 대한 갈망이 늘 있어왔지요. 그래서 이 개더링의 여정에 동참했습니다. 이후 캐나다를 계속 방문, 그들의 모임에 참석했습니다.

🎙 홍콩 개더링의 역사에 대해서 이야기 해주시죠.

홍콩 개더링은 중국 본토 개더링의 연속선상에서 시작됐습니다. 하나님의 인도하심으로 데미안 목사가 중국을 가기 시작했고 3년여 동안 총 12번의 모임을 중국 본토에서 가졌습니다. 그런데 중국에서 크리스천 모임을 하는 데에는 많은 한계가 있었습니다. 무엇보다 모임 때마다 공안의 감시를 받아야 했습니다. 공안은 모임 장소를 지키고 때로는 방해를 했습니다. 2010년에 우리는 중국 개더링을 중국 본토가 아니라 홍콩에서 열 때가 됐

중화권 기독교 지도자들이 에디 마 목사(오른쪽 끝)와 함께 하나 됨의 의식을 하고 있다.

다고 생각했습니다. 그렇게 해서 2010년, 홍콩에서 첫 번째 개더링이 열렸습니다.

🎤 홍콩에서 열린 첫 번째 개더링에는 몇 명 정도 참석했나요? 어떻게 진행이 됐습니까?

약 5천 명이 참석했습니다. 홍콩 개더링은 기존에 홍콩에서 열린 기독교 모임과는 아주 달랐습니다. 보통 홍콩의 복음주의권에서 말씀이나 설교 컨퍼런스를 여는 경우에는 주 강사와 보조 강사, 프로그램이 구체적으로 나옵니다. 그래야 일반 성도들이 참석할 수 있지요. 그런데 데미안 목사는 개더링에서는 인간적 방법을 쓰지 않고 오직 성령의 인도하심만을 기다린다고 했습니다. 당연히 우리는 어떻게 해야 할지를 몰랐어요. 그래서 일단 주님께 예배를 드렸습니다. 그런 다음에도 어떻게 할지 몰라 계속 예배를 드리며 성령을 기다렸습니다. 모두가 어찌할 바를 몰랐습니다. 그런데 어느 지점에 이르렀을 때, 갑자기 성령이 우리 모두의 마음을 쳤습니다. 그 순간부터 우리는 중국과 홍콩, 대만, 마카오 등 전 중국을 위해 회개하기 시작했습니다. 중국 본토에서 오신 분들은 정말 열정적인 예배자들이었습니다. 사실 우리는 어떻게 회개해야 할지도 몰랐지만 주님이 분명 우리 가운데 뭔가를 하셨습니다.

그날 모임을 끝내고 저녁 늦게 호텔로 들어가는데 느닷없이 천둥 번개가 쳤습니다. 마치 하나님께서 우리를 위해 싸우고 계시는 것 같았습니다. 다음날 아침에 행사장으로 갈 때엔 언제 그랬냐 싶을 정도로 아주 맑은 날씨가 되었습니다. 마치 뭔가가 들려서 씻겨 내려간 것 같았습니다. 그 자연현상을 보면서 우리 마음의 큰 짐이 사라진 느낌을 받았습니다. 아무튼 첫 번째 모임에서 우리는 어떻게 해야 할지 몰랐고 그저 하나님을 기다리기만 했습니다. 그런 우리에게 하나님이 뭔가를 보여주셨습니다. 놀라웠습니다. 제 인생에서 그런 경험은 해 본적이 없었거든요.

🎤 당시 중국 본토에서는 몇 명 정도가 참석했나요?

5천여 명의 참석자 가운데 4천명 이상이 중국 본토에서 오신 분들이셨습니다. 홍콩에서는 상대적으로 아주 적은 수가 참석했습니다. 사실 7번의 홍콩 개더링에서 언제나 비슷한 현상이 벌어졌습니다. 이번에도(2019년 홍콩 개더링) 1만 3000명 정도의 참석자 가운데 80% 정도가 중국에서 오신 분들이라고 생각합니다.

🎙 어떻게 중국 본토에서 그 많은 사람들이 상당한 재정적 지출을 감수하며 홍콩 개더링에 참석할 수 있었을까요?

놀라운 일입니다. 우리는 홍콩 개더링과 관련해 중국에 홍보하지 않았습니다. 물론 상업적 광고도 하지 않았지요. 홍콩 개더링 소식은 그저 입에서 입으로 전해졌습니다. 개더링은 형제자매의 친밀한 관계의 모임입니다. 그래서 어떤 사람이 개더링에 참석한다고 해도 바로 그것을 복제하거나 배울 수 없습니다. 가족의 여정이기 때문입니다. 중국의 개더링 가족들이 각 마을, 시, 성마다 다니며 어떻게 영적인 가족으로 살아가고 걸어갈 수 있는지, 어떻게 하나님의 임재 가운데 살 수 있는지를 만나는 사람들과 나눴습니다. 그것이 마치 와이파이처럼 중국 전역으로 퍼져나갔습니다. 그들은 홍콩의 개더링을 기다리고 또 기다렸습니다. 이번에는 인터넷으로 등록을 받았는데 대부분 중국 본토인들은 인터넷 등록을 하지 않았습니다. 그들은 그냥 홍콩에 왔습니다. 그리고 우리와 함께 섰습니다. 중국인들 특유의 관계적

네트워크가 가동된 것이라고 할 수 있지요.

🎙 2010년만 해도 중국 경제가 지금 같지 않아 그 많은 중국인들이 홍콩까지 오기가 쉽지 않았을 텐데 홍콩에서 재정적으로 그들을 도와줬나요?

많이 도왔습니다. 특별히 처음 몇 번은 더욱 그랬습니다. 몇 번의 홍콩 개더링 모임에 중국내 가장 큰 5개 지하교회에 소속된 형제자매들이 참석했는데 그들 대부분은 시골에 사는 가난한 자들이었습니다. 그래서 우리는 그들을 도왔습니다. 중국 내 형제자매들 가운데 여유 있는 분들 또한 그들을 도왔습니다. 이런 종류의 대형 모임에 참석하는 것은 그들에게 정말 새로운 경험이었을 것입니다. 이후 중국은 많이 변했습니다. 지금 홍콩 개더링에 참석하는 많은 사람들은 도시에 살고 있으며 이곳에 올 재정적 여력도 있습니다. 이것만 보더라도 지난 10년 동안 중국은 정말 많이 변한 것 같습니다.

🎙 홍콩 개더링 시작부터 참석한 중국의 크리스천들은 놀라운 믿음의 열정을 보여주셨지요. 그때 홍콩 크리스천들의 반응은 어떠했습니까?

우리는 정말 놀랐습니다. 그렇게 많은 사람들이 주님께 예배를 드리려 열정적으로 무대 앞으로 달려 나오는 것을 이전엔 보지 못했습니다. 초창기에 그들은 이곳에 오기 위해 많은 대가를 지불해야 했습니다. 냉장고를 팔아 참가비용을 마련한 사람들도 있었습니다. 그들은 예배를 갈망했습니다. 예배에 대한 그들의 놀라운 열정이 우리에겐 너무나 큰 도전이 됐습니다.

🎤 이렇게 홍콩 개더링은 매번 1만 명 이상 참석하는 대형 모임이 됐습니다. 개더링이 진행되면서 홍콩 전체의 기독교계 분위기는 많이 변화됐나요?

아주 많은 영향을 주지는 않았습니다.(웃음) 홍콩의 많은 교회는 소위 복음주의 교회들입니다. 그들은 어떤 모임에 갈 때엔 항상 누가 주 강사이며 구체적 프로그램이 무엇인지를 알고 싶어합니다. 그래서 이런 개더링과 같은 성령의 흐름에 민감한 모임에 홍콩 크리스천들을 초청하기가 아주 힘듭니다. 개더링에서는 2~3시간 길게 예배를 드리기도 하며 강사로 누가 나오는지도 알려주지 않습니다. 사실 그런 계획과 프로그램이 아예 없으니까요. 홍콩 크리스천들은 아주 바쁜 사람들이기에 이런 알 수 없는 모임에 굳이 시간을 내어 가려지 않습니다.

그러나 비록 홍콩 기독교 교단이나 교회들 차원에서의 참석은 많지 않지만 전체 교회 내 많은 형제자매들이 자원 봉사자로 참석했습니다. 매번 개더링을 할 때마다 홍콩 내 여러 교회에서 2000~3000명의 자원 봉사자들이 참석하고 있습니다.

🎙 한 번의 개더링을 위해 어느 정도의 재정이 들어갑니까? 그리고 그 재정을 어떻게 메우고 있습니까?

우리는 개더링을 위해 별도의 기독교 조직을 만들지 않았습니다. 개더링을 위해서 먼저 주변 형제자매들로부터 돈을 빌립니다. 장소와 호텔 등 사전에 들어가야 할 재정이 꽤 됩니다. 홍콩의 교회가 그 재정을 스폰서 하지는 않습니다. 사람들로부터 돈을 빌리고 개더링 기간 동안의 헌금을 통해서 비용을 충당합니다. 이번 2019년 홍콩 개더링을 위해 총 550만 홍콩 달러(약 8억 2500만원)가 들었습니다. 4일간의 집회를 위해 매일 140만 달러 정도의 재정이 필요합니다. 상당히 많은 돈이지요. 우리는 이번 모임 시작 전에 350만 달러를 형제자매들에게서 빌렸습니다. 그리고 지난 번 개더링에서 지출하고 남아 이월된 재정이 200만 달러 정도 있었는데 모두 합쳐 모임을 진행했습니다. 우리는 이렇게 재정을 쓰고 난 뒤에는 하나님이 어떻게 일하시는지를 봅니다. 이번에는 빌린 350만 달러를 헌금으로 모아야 합니다. 이 점에서 저는 하나님의 정확하고 성실하심을 자신 있게 간증할 수 있습니다. 7번의 개더링을 하기 전에 상당한 돈을 빌렸지만 개더링이 끝난 뒤에는 단 1달러도 부족하지 않았습니다. 아까 말한바와 같이 이번 모임 전에 우리에게는 200만 달러나 남아 있었습니다. 이런 것들을 경험하면서 하나님이 정말 개더링을 원하신다는 생각을 하게 됐습니다. 네, 그렇습니다. 하나님이 개더링을 원하십니다. 여러분들이 믿음으로 확신하고, 분별하며 "예"라고 응답하면 그분이 공급하십니다. 우리의 일은 재정이나 조직, 능력이 아니라 믿음으로 행해지는 것입니다.

🎙 자원봉사자들 말고 평소에 개더링을 준비하는 홍콩의 핵심 멤버들은 몇 명 정도입니까?

5명입니다. 우리로서는 5명의 핵심 멤버들이 '크리티컬 매스'라고 할 수 있습니다. 5명은 각자의 고유한 역할이 있고 그 밑에 자원봉사자들이 있습니다. 저는 일종의 대변인이라고 할 수 있습니다. 5명이 하나님의 얼굴을 구하며 결정하고 조직합니다. 오직 5명뿐입니다.

🎙 그 5명의 핵심 멤버들은 개더링이 없을 때엔 어떻게 지냅니까?

평소에 특별한 미팅은 없고 기도 모임만 하고 있습니다. 보통 매달 한 번씩 만나 식사하며 관계를 증진합니다. 때로는 중국 본토나 대만, 마카오의 가족들과 모임을 갖기 위해 현지에 가기도 합니다. 핵심 멤버들은 홍콩에 5명, 중국에 14명, 마카오에 2~3명, 대만에 몇 명이 있습니다. 우리는 자주 함께 모여 주님을 추구하며 예배를 드립니다. 때로는 우리가 중국이나 대만을 방문하기도 하고, 그들이 홍콩에 오기도 합니다. 홍콩 개더링에서 우리는 주최를 하지만 중국과 대만, 마카오 등의 핵심 멤버들과 유기적 소통을 하며 진행합니다.

🎤 홍콩 개더링을 위한 사무실이 있습니까?

우리에겐 사무실도, 건물도 없습니다. 스태프들도 없습니다. 그럼에도 우리는 아주 강한 가족의 관계로 연결되어 있습니다. 관계가 좋으면 모든 일이 원활하게 이뤄집니다. 관계가 좋지 않으면 아무리 사무실이 좋고 스태프들이 많아도 일이 진행되지 않습니다. 우리 홍콩의 핵심 멤버들은 서로를 깊이 신뢰하고 있습니다. 저는 주로 말을 해야 하는 역할을 하지만 다른 이는 행정으로, 또 다른 이는 분별을 주로 합니다. 목회적 역할을 하는 이도 있습니다. 그는 언제나 사람을 만나 돌봅니다. 문제가 있는 사람들에게 다가가 문제를 해결해줍니다. 각각 다른 포지션에 있지만 우리는 서로 신뢰하며 모든 것에 동의합니다. 그래서 우리는 아주 강한 팀입니다.

🎤 가족이 된다는 의미는 무엇입니까?

사랑한다는 것이지요. "나는 당신이 없으면 이 여정을 도저히 걸어갈 수 없어요"라고 고백하는 사랑 말입니다. 우리는 모두 함께 가야 합니다. 한 명도 제쳐 놓고 갈 수 없습니다. 사랑하는 가족이니까요. 우리는 일상에서도 아들이나 딸, 아내를 두고 혼자 가지 않습니다. 가족 가운데 문제가 있는 사람이 있으면 그를 기다리며 천천히 갑니다. 가족 모두가 강할 때에는 빨리 갑니다. 우리도 마찬가지입니다. 사랑하는 가족의 관계는 조직이나 교회, 선교단체의 모임을 뛰어넘습니다.

🎙 에디 마 목사님이 과거에 소위 '일반적 목회'를 할 때와 지금 개더링에서 가족의 여정을 걸을 때와 다른 점은 무엇입니까?

가족의 관점에서는 일이 아니라 사람에게 집중합니다. 우리의 여정은 조직이나 회사와 같은 프로그램 지향적이 아닙니다. 우리는 한 사람 한 사람을 하나님이 이 여정에 보내주신 분들로 귀하게 여깁니다. 아주 어린 아이나 청소년들이라고 해도 그들을 무시하지 않습니다. 개더링에서는 젊은이, 심지어 어린아이가 아주 주요한 역할을 하는 경우가 많습니다. 우리가 그들을 귀하게 여기기 때문입니다.

보통의 교회는 조직이나 구조로 움직여집니다. 보통은 위계적 구조이지요. 담임 목사와 부목사, 전도사 등 각 위계별 포지션이 있습니다. 제가 담임목사라면 성도들은 자연스레 저를 따르게 됩니다. 그러나 개더링에는 어떠한 조직도 없습니다. 가족과 같습니다. 그저 사람들은 어떤 사람이 아빠며, 엄마며, 할아버지와 할머니라는 사실을 인식할 뿐입니다.

데미안 목사는 리더이면서 동시에 영적 아버지입니다. 그는 하나님이 특별히 그 자리에 두신 하나님의 사람이지만 조직의 보스는 아닙니다. 그가 마음속의 것들을 밖으로 내놓으면 우리는 그것을 분별합니다. 그냥 무조건 그가 하자는 대로 하지 않습니다. 그는 먼저 우리 마음에 어떤 생각이 있는지를 듣습니다. 그래서 우리는 분별과 나눔에 많은 시간을 들입니다. 이것이 기존 목회와 가장 큰 차이가 아닐까 싶습니다. 과거 목회를 할 때에는 많은 미팅을 하고 일을 합니다. 그런데 개더링에서는 우리가 일하지 않습니다. 성령께서 일하시는 것을 보고 따릅니다.

🎙 지금 행복한가요?

아주 행복합니다. 또 한 번 길을 선택할 기회가 있다 해도 저는 여전히 이 길을 선택해 걸을 것입니다. 가족의 여정을 함께 걸어갈 것이란 말이죠. 지금 저는 사역 가운데 가장 짜릿하고 행복한 날들을 지내고 있습니다. 진심입니다.

🎙 데이빗 데미안 목사는 어떤 사람입니까?

이야기 하기 아주 어렵습니다.(웃음) 그는 이집트에서 태어났고, 어렸을 때부터 아주 카리스마가 있는 리더로 성령에 깊이 사로잡힌 분이었습니다. 어린 시절부터 성령의 음성을 들으며 성령이 제시하는 길을 따랐습니다. 그는 의사로서 매우 명석합니다. 결정을 내릴 줄 아는 지도자이지요. 그를 만났을 때, 처음 단계에서는 아주 강한 리더로 보였습니다. 비저너리(Visionary·미래를 읽고 전망을 제시하는 사람)로서 무언가를 받으면 좌우살피지 않고 그대로 가버리는 스타일이었습니다. 두 번째 단계에서 그는 무너져 내렸습니다. 그런 다음에야 우리는 함께 걸어갈 수 있었습니다. '브로큰 데이빗'(Broken David·깨어진 데이빗)과 함께요.

세 번째 단계에서 하나님은 그를 다시 일으켜 세워주셨습니다. 그의 깨어짐의 경험으로 인해 그는 진정한 아버지가 될 수 있었습니다. 여러 해 동안 그와 함께 관계를 지속하며 저는 하나님이 그를 리더로 준비시키셨다는 사실을 보게 되었습니다. 캐나다만의 리더가 아닙니다. 처음에 그는 캐나다의 리더였지만 이제는 중국 사람들의 리더이면서 아버지입니다. 그리고 아시아로 영역이 확장됐습니다. 그는 한국과 일본을 방문, 처음엔 스몰그룹 미팅을 하다 이후에 개더링을 했습니다. 그런 다음에 중동으로 진출했습니다. 2017년에는 그가 떠난 이집트로 다시 가서 개더링을 했습니다. 그와 함께 다니며 저는 하나님이 이 개더링, 즉 가족의 여정을 사용하신다는 사실을 알게 됐습니다. 데미안 목사는 이 여정에서 열방을 아버지 마음으로 되돌아가게 만드는 아버지의 한 사람입니다. 우리 모두는 그를 매우 존경하며 그와 함께 걸어가는 것이 특권임을 잘 알고 있습니다. 무엇보다 우리는 그를 정말로 사랑하고 있습니다.

🎤 데미안 목사의 가장 큰 장점은 무엇인가요?

그의 가장 강한 강점은 한 나라를 변혁시킨다는 것입니다. 그는 하나님으로부터 계시를 받고, 그 계시를 기초로 변화를 이끌어냅니다. 지금까지 많은 하나님의 위대한 종들이 있었습니다. 그들은 선지자와 교사들로 많은 사람들을 하나님께로 인도했습니다. 데미안 목사에게는 개인을 넘어 나라 전체를 아버지 하나님의 마음으로 돌아오게 하는 데 탁월한 기름부음이 있습니다. 저는 그것을 중국과 한국, 일본, 중동, 유럽에서 보았습니다. 네, 정말로 그것은 기름부음이란 용어를 사용하지 않고서는 설명이 되지 않습니다. 그는 하나님의 능력으로 나라를 준비시키고, 나라를 변화시키고 있습니다.

🎤 그의 약점은요?

그의 약점이라고 말할 수 있는 것은 그가 때론 너무 빨리 간다는 점입니다. 처음엔 그를 따르기 위해서 우리 역시 아주 빨리 달려야 했습니다. 그러나 그는 변하고 있습니다. 앞서 말한 대로 그는 비저너리(Visionary)입니다. 앞을 보는 사람이지요. 때론 너무 빨리 가면서도 우리에게 묻지도, 설명하지도 않았습니다.

우리 아시아 사람들, 한국은 잘 모르겠지만 특히 중국인들은 직설적으로 이야기 하지 않습니다. 돌려 말하기도 하고, 대화에 여지를 두기도 합니다. 물론 때론 직접 이야기 할 때도 있지만 보통은 그렇지 않습니다. 그런데 데미안 목사는 아주 단도직입적으로 이야기하는 스타일이어서 그의 말을 듣다 상처를 입기도 합니다. 그것은 약점이라고 할 수 있지요. 그러나 저는 지금 그가 그런 점에서도 변하고 있다고 생각합니다. 그는 의사이기에 마음을 아주 빨리 열고 문제도 아주 빨리 해결합니다. 매우 엄격하고 주도적으로 결정합니다. 우리는 그런 그를 부둥켜안습니다. 사랑하고 받아들입니다. 그는 하나님의 능력을 가족들에게 풀어 넣으며 변화를 일으키며 결국 나라를 변화시킵니다.

🎙 개더링은 소위 홍콩의 복음주의권 교회들에 파고들었는가요?

아주 그렇지는 않습니다. 개더링 모임은 매우 예언적입니다. 가르치는 훈련 모임이 아닙니다. 따로 설교를 하는 시간도 없습니다. 대신 많은 나눔이 있고, 예언적 행위들이 이뤄집니다. 예언적 모임 속에 깊이 들어가기 위해서는 성령에 아주 민감하고 열려 있어야 합니다.

홍콩의 경우, 많은 복음주의권 신자들이 성령에 그다지 열려 있지 않습니다. 그들은 대부분 훌륭한 크리스천들로 깊이 성경을 읽고 연구합니다. 그러나 성령께는 닫힌 경우가 많습니다.

개더링에 참석한 사람들은 성령에 아주 민감합니다. 또 그래야 은혜를 받습니다. 많은 것들이 예언적으로 이뤄지기 때문입니다. 처음에는 뭐가 일어났는지를 잘 모를 수도 있지만 나중에는 그것이 무엇이었는지를 알게 됩니다. 하나님이 영적 돌파를 이루게 하기 위해 이 모임을 사용했다는 사실를 알게 되는 것이지요. 그런 다음에야 사람들은 개더링 기간 동안에 행해진 예언적 행위의 의미가 무엇이었는지를 알게 됩니다. 이를 위해 때론 우리의 신학과 사고체계의 패러다임 시프트(Paradigm Shift)가 이뤄져야 합니다.

홍콩의 복음주의권 크리스천들 가운데에는 며칠간 길게 예배하고 춤추는 것들에 대해 아주 어려워하는 경우가 많습니다. 그런 이유로 개더링이 홍콩 복음주의 교회에 깊숙하게 들어갔다고 보지는 않습니다. 그러나 소망적인 것은 개더링이 다음 세대들에게 선한 영향을 미치고 있다는 점입니다. 아주 많은 홍콩의 젊은이들이 개더링에 참석하며 하나님의 얼굴을 추구하고 있습니다. 이것은 장래 홍콩의 기독교계를 위해선 참으로 희망적인 일입니다.

🎤 그렇다면 이런 개더링이 이단 시비에 휩싸여 홍콩 교계로부터 이단으로 규정되지는 않았습니까?

그렇지 않습니다. 무엇보다 홍콩의 대부분 목회자들이 우리 5

명의 핵심 멤버들에 대해 잘 알고 있습니다. 그들은 우리를 존중하고 있습니다. 우리 모두는 목회자들입니다. 가령 우리 가운데 앤드류 목사는 서점 운영과 출판을 하면서 킹덤 미니스트리를 효과적으로 펼치고 있습니다. 모두가 고유한 사역을 성공적으로 하는 분들입니다. 홍콩의 목회자들은 이런 우리를 잘 알기에 우리가 이단적인 모임을 하고 있다고 보지 않습니다. 우리를 신뢰하고 존중하기 때문입니다. 무엇보다 열매가 중요합니다. 홍콩 개더링을 통해서 화해와 연합, 사랑의 열매가 나온다는 것을 모두가 잘 압니다. 그들은 분명 개더링에 대해 주도면밀하게 관찰을 했을 터이지만 절대 비판하지 않았습니다.

🎙 개더링에서는 아시아의 연합, 특별히 한국과 중국, 일본의 하나 됨을 강조합니다. 사실 이들 세 나라가 연합하기가 결코 쉽지 않은데요.

중국과 한국, 일본 등 세 나라가 하나 되는 것이 아주 중요합니다. 지금 전 세계적으로 마지막 때의 예배와 기도, 선교 운동이 시작되었다고 봅니다. 이런 시기에 한국과 중국, 일본의 하나 됨이 필요합니다. 하나님은 그동안 한국교회를 기도와 선교, 복음주의 운동의 활성화를 위해 강하게 준비시키셨습니다. 한국교회는 영적 근육과 뼈대가 강합니다. 하나님은 일본 교회도 준비시키셨습니다. 일본 교회는 서로 사랑하고 소중히 여기는데 강점이 있습니다. 중국 교회는 군대의 보병과 같습니다. 중국에서 주님의 나라를 위해 일할 수많은 크리스천들이 일어나고 있습니다.

저는 마지막 때에 하나님이 이들 세 나라의 조합을 사용하실 것이라고 믿습니다. 이들 세 나라는 모두 젓가락 문화권에 있으며 삼각편대를 이루고 있습니다. 하나님은 아시아의 열방들이 마지막 시대에 들어가는 문을 여는데 이 '영적 삼각편대'를 사용하려 하십니다. 아니, 이미 사용하고 계십니다.

홍콩에서 열리는 개더링은 단지 중국인들만을 위한 개더링이 아닙니다. 한국과 일본의 교회와 크리스천들이 중국인들과 함께 하나가 되어 걸어가는 여정입니다. 우리에게는 강한 유대감이 있습니다. 그것은 사역적 유대감이 아니라 가족 특유의 유대감입니다. 우리 모두는 정말 서로 사랑합니다. 우리에게는 영적인 '크리티컬 매스'가 필요합니다. 그런 다음에 함께 담대하게 앞으로 나갈 수 있습니다.

🎙 한국에서 열린 개더링과 일본과 홍콩 개더링의 차이점은 무엇입니까?

주요한 차이는 개더링에 참석하는 사람들인 것 같습니다. 홍콩 개더링에 참석하는 분들은 대부분 중국 본토에서 오시는 분들입니다. 그들은 이와 같은 대규모 모임에 대한 경험이 별로 없습니다. 그들은 영적으로 굶주려 있고 모든 것에 아주 열려 있습니다. 개더링에 참석하면 좋은 의미에서 대부분 극도로 흥분하게 되지요.

한국교회와 성도들은 큰 모임에 비교적 익숙합니다. 과거에도 대형 모임이 많았기 때문입니다. 그래서 개더링을 보면서 자연스럽게 과거의 대형 집회에 대한 경험을 떠올리는 것 같습니다.

보통 개더링에서 하나님은 여러 부분에서 역사하십니다. 사람들은 언제 무엇이 일어날지를 기대하거나 예측하지 못합니다. 그런 면에서 한국 크리스천들은 주 강사가 없는 긴 시간의 예배에 대해 다소 놀라는 것 같습니다. 그럼에도 한국은 아주 강하고 쉽게 적응하며 개더링에서 주요한 역할을 하고 있습니다.

일본 교회는 아주 작은 모임에 익숙합니다. 그러다 3000~4000명이 참석하는 개더링이 열리자 매우 놀랐지만 또한 매우 행복해 했던 것 같습니다. 일본 사회에서 크리스천들은 언제나 마이너리티였습니다. 그런데 갑자기 대규모 개더링을 하게 되었습니다. 놀랐고 감사했습니다. 그러면서 걱정도 많습니다. 개더링을 준비하는 일본 목회자들은 재정에 대한 걱정을 많이 합니다. 그들은 나에게 "도대체 개더링을 하는데 얼마나 들지요?"라고 수없이 물었습니다.

믿음이 필요합니다. 일본과 한국, 중국의 크리스천들은 하나의 가족입니다. 만일 일본 가족에게 돈이 필요하면 우리가 보내면 됩니다.

개더링의 여정을 걸어가면서 우리들은 서로 돕고 있습니다. 이것이 중요합니다. 홍콩 개더링을 위해 한국과 일본, 중국 본토와 대만의 가족들이 도왔습니다. 앞으로도 우리는 서로 서로 도울 것입니다. 가족이니까요.

🎤 한국교회로부터 배운 점이 있다면 어떤 것인가요?

저는 언제나 하나님은 한국교회를 들어 쓰셔서 우리가 인내하고 결단하며 앞으로 나가게 했다고 믿습니다. 한국교회는 하나님의 나라를 위해 헌신했습니다. 하나님을 위해 뭔가를 해야 할 때, 한국교회와 성도들은 주저하지 않고 앞으로 나갔습니다. 하나님 나라를 위해 모든 것을 던지며 헌신했습니다. 우리는 한국교회로부터 이런 헌신을 배웠습니다.

우리 중국 교회는 때로는 강하게 나갔지만 종국에는 약하게 끝난 경우가 많았습니다. 그러나 한국의 가족들은 아무리 어려워도 인내로써 그 어려움을 뚫고 지나갑니다.

지금 한국교회가 얼마나 어려운지는 잘 알지 못하지만 그런 과거에 돌파했던 경험들이 있기에 앞으로의 모든 어려움들도 잘 돌파해 나갈 것이라고 믿습니다. 우리는 한국교회와 성도들의 영적 결단력과 하나님을 경외하는 마음, 기도 등 많은 것들을 배우고 있습니다.

🎙 2020년에 서울 개더링이 열립니다. 지금 한국 상황은 아주 중요합니다. 데미안 목사는 2020년에 한국에서 아주 큰 일이 일어날 것이라고 말했습니다. 한국 크리스천들에게 어떻게 개더링을 준비해야 하는지 알려주시기 바랍니다.

저는 지금이 '한국의 시간'이라고 생각합니다. 하나님은 한국 교회를 들어 쓰셔서 중국과 일본 교회와 함께 걸으며 마지막 때에 열방에 주님의 마음을 풀어놓게 하셨습니다. 세 나라 가운데 한 나라도 없어서는 안 됩니다. 모두 함께 가야 합니다. 하나님은 자신의 마음을 그저 한 두 개의 교회나 교단에만 풀어 보여주시지 않습니다. 하나님은 한국과 중국, 일본의 교회가 함께 걸어가는 것을 통해 아시아를 향한 마지막 때의 목적을 보여주시고자 하십니다. 그래서 2020년의 서울 개더링이 중요합니다. 중국과 홍콩, 일본의 가족들이 모두 서울에 갈 것이고 함께 하나님의 마음을 구할 것입니다.

우리는 이번 개더링이 남한에서 열리는 마지막 개더링이 되기 바랍니다. 다음 개더링은 통일된 하나의 코리아에서 열리는 코리아 개더링이 되기를 소망합니다. 이것이 우리 마음입니다. 그래서 저는 한국에서 열리는 개더링을 위해 기도하고 있습니다. 한국교회와 목회자들도 모든 것을 내려놓고 여기에 최우선적으로 마음을 모으시기 바랍니다. 이번 모임은 너무나 중요합니다. 하나님의 마음의 문의 빗장을 열어 한국과 일본, 중국의 구속적인 데스티니를 풀어내는 기회가 될 것이기 때문입니다.

우리는 이 열쇠가 열릴 수 있도록 한국교회 성도들과 함께 할 것입니다. 이것은 마지막 때에 아시아를 향한 하나님의 마음과 관련되어 있는 영적 모임입니다. 이것이 한국교회를 향한 저의 도전이요 격려입니다. 우리와 함께 걸어갈 한국교회와 한국 성도, 목회자들이 필요합니다.

🎤 개더링의 선구자 중의 한 명으로서 2020년 서울 개더링에 참석하기를 망설이는 분들에게 한 마디 해주시기 바랍니다.

먼저 여러분의 안전지대(comfort zone)를 떠날 준비를 하라고 도전하고 싶습니다. 안전지대는 여러분이 친숙하게 느끼며 어떤 일이 벌어질지를 아는 곳입니다. 그러나 하나님은 깊은 물에 들어가도록 우리를 권하십니다. 왜냐하면 하나님은 우리에게 과거에 결코 경험하지 못했던 무언가를 경험하도록 하시기 때문입니다.

서울 개더링에 참여하는 것은 전혀 위험한 것이 아닙니다. 안심하시 바랍니다. 이 개더링을 준비하는 팀들은 20년 가까이 함께 일했습니다. 우리는 모두 경험 많은 목회자들입니다. 우리 가운데에는 신학 박사들도 많습니다. 많은 분별을 했기에 이 개더링이 하나님으로부터 왔다는 것을 확신합니다. 개더링은 견고한 성경적 토대 위에 서 있습니다. 우리는 성경에서 말한 것 이외의 것들은 아무것도 하지 않습니다. 우리는 성경의 권위와 삼위일체 하나님을 확실히 믿습니다. 한분이신 하나님, 하나의 침례, 하나의 복음을 믿습니다.

앞서 말한 대로 홍콩에서 7번의 개더링이 있었습니다. 제가 분명히 말씀드릴 수 있는 것은 매번 개더링 때마다 우리는 하나님의 마음을 기쁘게 해드렸습니다. 그냥 마음을 열고 오셔서 하나님을 경험하며 안전지대를 떠나는 준비를 하십시오. 여러분 자신을 준비시켜 예언적 영역에 들어가시기 바랍니다. 여러분들이 과거에는 절대 알지 못했던 영역의 문을 열고 들어가십시오. 그것이 여러분들을 영적 돌파로 이끌 것입니다.

우리는 아주 성숙한 팀으로 함께 일합니다. 여기에는 한국 목회자들도 참여하고 있습니다. 우리는 그동안 여러 나라들을 함께 여행했습니다. 그래서 우리 서로는 무엇을 하는지 잘 알고 있습니다. 지금 하나님이 아시아에서 하시려는 일에 한국교회와 한국 목회자들, 한국 성도들이 참여하기 바랍니다. 여러분들 없이 우리만 갈 수 없습니다. 부디 서울 코리아 개더링에 오시기 바랍니다. 여러분들은 과거에 경험하지 못했던 영적 경험을 하게 될 것입니다. 먼저 경험했던 저, 에디 마 목사가 보장합니다.

🎤 인생에서 가장 중요한 것이 무엇입니까?

인생에서 가장 중요한 것이라고요? 하나님이 거할 처소를 준비하는 것입니다. 열방에서 그런 일이 일어나는 것을 보기 원합니다. 전 세계 중국인들이 하나님의 영광이 거할 수 있는 처소를 준비하는 것을 보고 싶습니다. 하나님의 임재가 모든 것을 변화시킵니다. 개인과 교회는 물론 정부까지도 변화시킵니다. 하나님의 임재와 영광이 중국 본토, 대만과 홍콩, 마카오, 해외 중국인 커뮤니티를 주님의 나라로 변화시킬 것입니다. 그것을 보고 싶습니다. 그것이 제 인생에서 가장 중요한 것입니다.

🎙 **평양에서 개더링을 열고 싶은 마음이 있습니까?**

물론입니다. 평양 개더링은 우리가 가야 할 다음 스텝입니다. 남한에서의 개더링은 서울 개더링으로 충분합니다. 그것이 우리의 믿음입니다. 우리에게 그런 믿음이 왜 있는지는 잘 모르겠습니다. 제가 믿기로는 이를 위한 남한의 임계질량(크리티컬 매스)이 충분해지면 하나님은 한반도 통일의 문을 열어주실 것입니다.

🎙 **마지막으로 한국을 위해 기도해 주시기 바랍니다.**

하늘에 계신 하나님 아버지, 이 시간 한국으로 인해 감사드립니다. 지난 시절 선교와 복음 전파를 위해 수고의 땀을 흘린 한국교회와 목회자들, 성도들로 인해 감사드립니다. 그동안 한국인들은 세계를 축복했고, 중국을 축복했고, 일본을 축복했습니다. 이런 한국교회와 목회자들을 주셔서 감사합니다.

한국은 이제 결정적 시기에 돌입했습니다. 이와 같이 중요한 때에 우리 모두가 함께 걸어가기 원합니다. 한국교회와 목회자뿐만이 아니라 중국과 일본의 교회와 목회자, 형제자매들이 이 땅에 하나님의 거할 처소를 마련하기 위해 가족으로 함께 걸어가게 해주십시오. 저희들에게 아시아를 향한 당신의 마음을 보여주십시오.

이 시간 2020년의 서울 개더링을 위해 기도합니다. 이 인터뷰와 기도를 접하는 수많은 한국교회와 목회자, 성도들의 마음을 만져주셔서 이번 개더링을 통해 그들이 그동안 경험하지 못했던 놀라운 영적 경험을 하게 해주십시오. 참석하는 모든 나라의 형제자매들이 함께 가족으로 서서 서로의 사랑을 나누게 해주시기 바랍니다. 한국교회와 목회자, 성도들에게 이 모임에 대한 사모함이 있게 해 주십시오. 혹시 개더링을 오해하고, 반대하며, 제대로 알지 못하는 사람들에게 성령께서 찾아가 주시옵소서. 그들의 마음의 눈을 밝혀주셔서 개더링을 알게 하시옵소서. 개더링을 통해 감동받게 해주십시오.

하나님, 성령님, 감사합니다.
예수님의 이름으로 기도합니다. 아멘

이토 요시코 목사에게 듣는다

이토 요시코 목사
(시로이 이에 펠로쉽교회 담임)

이토 요시코 목사는 오키나와에서 사역하는 일본의 목회자로 헌신적으로 개더링에 참여하고 있다. 2019년 홍콩 개더링 기간 동안 그와 인터뷰한 내용이다. (인터뷰어 : **이태형 기록문화연구소장**)

🎙 지금 일본 기독교는 큰 전환을 맞이한 것 같습니다. 2019년 교토 개더링에도 3000명 이상이 참석하는 등 놀라운 부흥이 이뤄지고 있는 느낌입니다.

정말로 성령의 역사라고 밖에 말할 수 없습니다. 한국교회에 감사를 표하고 싶습니다. 그동안 일본에 많은 한국 선교사님들이 오셨습니다. 그분들이 '선교사의 무덤'이라고 불리는 일본의 강고한 영적 토양을 개간하기 위해 상처받으면서도 눈물로 섬기셨기에 일본이 지금과 같은 하나님의 때를 맞이할 수 있었습니다.

일본인들은 하나님의 신실한 사랑으로 이제 겨우 마음의 눈, 영적인 눈이 뜨였습니다. 일본인들은 문화적으로 복음을 받아들이기 힘이 듭니다. 자신들이 예수님을 믿는 것으로 인해 부모님이 곤란하게 되지 않을까, 그동안 우상을 믿어왔던 가문이 모욕을 당하는 것이 아닐까 하는 걱정을 합니다. 이런 문화적 분위기 속에서 크리스천들도 예수님을 믿어 인생이 바뀌었는데도 증인으로서의 삶을 제대로 살지 못했습니다.

일본인들에게는 '자신이 가족을 나타내고, 가족이 자신을 나타낸다'는 관념이 있습니다. 그래서 내가 구원을 받았더라도 가족을 생각해서 구원의 기쁨을 억제합니다. 이런 관념들이 일본 선교를 가로막는 견고한 진들입니다. 최근 이런 견고한 진들이 무너지고 있는 모습을 봅니다. 하나님께서 문화적 장벽을 넘어서는 것에도 관여하시면서 복음을 부끄러워하지 않는 젊은이들이 점점 나타나고 있습니다. 이들은 교회 안에만 머물지 않고 쇼핑몰이나 여러 공공장소에서 복음을 전하고 있습니다. 분명 영적 분위기가 바뀌었다고 말할 수 있습니다.

🎤 여기에는 개더링의 역할이 많이 있었던 것이겠지요?

물론입니다. 개더링을 통해 영적 세계가 계속 열리며 일본 크리스천들은 구원 받은 기쁨을 전하지 않을 수 없다는 강한 부담감을 갖게 됐습니다. 특히 가족들에게 복음이라는 최고의 유산을 전하고 남기는 것이 축복이라는 사실을 깨닫고 있습니다. 물론 이런 사실들은 이전부터 알고 있던 것이었지만 그동안 사람을 두려워했던 우리들이 이제는 하나님을 두려워하며 그분이 기뻐하시는 일을 하기 위해 노력하고 있다는 점에서 큰 변화가 생긴 것이지요. 우리들은 일본인이기 이전에 하늘에 국적이 있는 천국 시민으로서의 사명을 새롭게 깨닫고 있습니다.

저는 지금 일본에서 엄청난 성령의 물결이 일고 있다고 믿습니다. 한 예로 저의 지인이 담임하는 교회는 오랜 세월동안 수십 명의 성도들만 모이는 작은 교회로 좀처럼 성도가 늘지 않고 기존 성도들의 신앙도 답보상태에 있었지만 지금은 매주 구원 받고 세례 받는 성도들이 나타나고 있습니다. 성령님의 역사로 성도들이 복음을 전하는데 강한 기쁨을 느끼고 있기 때문입니다. 저희 교회에서도 주일 오후마다 백여 명이 밖으로 나가 전도하고 있습니다. 이런 교회들이 열도 전역에 점점 더 생겨나고 있습니다. 정말 일본에 기독교의 새로운 시즌이 시작된 것 같습니다.

🎙 과거 일본 교회는 부흥을 경험한 적이 있었습니까? 그리고 지금 나타나는 일본 기독교의 활발한 움직임의 특징은 무엇입니까?

물론 과거에도 일본에 기독교 부흥이 있었습니다. 그러나 그

부흥은 오래가지 못했고 박해를 받으면서 기독교는 성장하지 못했습니다. '후미에'라는 이야기 들어보셨는지요? 후미에는 '밟는 그림'이란 뜻으로 17세기 일본에서 청동으로 만들어진 예수나 마리아상을 밟게 함으로써 기독교인들을 색출하는 박해의 방법이었습니다. 가혹한 박해에도 불구하고 예수님을 믿는다고 고백한 사람들은 십자가에 매달려 죽임을 당했고 그 가족들도 큰 어려움을 겪었습니다. 일본에 이런 어두운 역사적 배경이 있기에 지금도 사람들은 복음을 받아들이는 것을 꺼리며 믿는 자들도 복음을 전하기를 주저하는 경우가 많은 것이 사실입니다.

그러나 지금 '자유의 성령'이 일본을 덮고 있습니다. 개더링을 통해 일본의 교회와 교회가 서로 긴밀하게 연결되기 시작했습니다. 그리고 교단과 교파의 구분 없이 서로의 문세를 나누고 있습니다. 크리스천들은 이제 다른 교회 성도들과 교회의 문제 뿐 아니라 개인의 문제까지 적나라하게 나눌 수 있게 되었습니다. 일본의 크리스천들이 사람을 두려워하는 기존의 틀을 박차고 나와 먼저 성도들끼리 삶을 나누면서 개인의 부흥이 이뤄지고 있는 것입니다. 이들은 영적 각성을 통해 교회의 부흥과 나라 전체의 부흥을 위해 기도하기 시작했습니다. '자유의 성령'이 가져온 놀라운 변화가 지금 일본 기독교 부흥의 특징이라고 할 수 있습니다.

개더링은 일본 기독교의 변화를 위해 정말 중요한 역할을 하고 있습니다. 그동안 오키나와를 비롯해 고베, 교토 등지에서 개더링이 열렸습니다. 다른 나라 개더링과 마찬가지로 일본 개더링에서도 여러 나라에서 온 크리스천들이 하나가 되어 서로 안아줄 때, 말로 표현할 수 없는 성령 안에서의 하나 됨이 이뤄졌습니다. 형제자매들을 나를 위해 하나님이 허락해 주신 소중한 사람으로 여기게 됐지요.

개더링의 정신은 열방의 크리스천들이 예수님의 사랑으로 하나가 되는 것입니다. 이 개더링의 정신이 일본 교회에 스며들고 있습니다. 과거엔 마음속에 있는 사랑을 밖으로 표현하기 주저했던 우리 일본인들이 이제는 적극적으로 그 사랑을 표출하게 되었습니다. 마음의 혁신이 이뤄졌다고나 할까요. 아무튼 모든 것이 하나님의 은혜입니다. 우리 마음의 변화도 하나님으로부터 나온 것입니다. 하나님이 준비해 주신 것이지요.

우리는 개더링을 통해 하나님의 마음을 알고, 그 마음에 따라 형제자매들이 하나가 되어 걸어가는 것이 가장 기쁘고 행복한 일이라는 사실을 깨달았습니다. 그래서 자신이 행복해지기 위해 더 많은 열방의 형제자매와 교제하고, 말은 통하지 않더라도 서로 안아주고 중보하며 예수님의 사랑을 흘려보냅니다. 이런 것들이 개더링을 통해 이뤄지고 있습니다. 분명, 과거 일본의 교회

분위기와는 다르지요. 개더링에 흐르고 있는 성령님의 운행하심에 일본 교회와 성도들이 반응하고 있는 것입니다.

🎤 요즘처럼 한국과 일본의 관계가 어려운 때는 별로 없었던 것 같습니다. 한일 간의 갈등과 문제의 근원은 무엇이며 이를 해결하기 위해서는 어떻게 해야 합니까?

지금 한국과 일본 사이에는 짙은 어둠이 깔려 있습니다. 비단 정치와 외교의 영역만이 아닙니다. 전반적으로 한일 간의 연합을 막는 사탄의 맹렬한 움직임이 있다는 느낌이 듭니다. 그러나 저는 가장 어두울 때에 가장 밝은 빛이 비춰진다고 믿습니다. 요즘 한일 간의 갈등에 대한 뉴스가 연이어 나오기에 한국에 관심이 없는 사람들까지도 양국 간의 문제를 생각하게 되었습니다. 이것은 꼭 나쁜 일만은 아닙니다. 일본의 크리스천들이 이런 문제의 해결을 위해 기도의 자리로 가고 있기 때문입니다. 하나님께서는 반드시 이런 모든 문제들을 더 좋은 것으로 바꿔주시리라 믿습니다.

한일 간의 문제도 예수님 없이는 해결될 수 없습니다. 빛이신 예수님만이, 예수님의 사랑만이, 예수님의 십자가의 구원만이 양국을 모든 어려움을 뛰어넘어 하나 되게 할 수 있습니다. 우리는 서로를 적으로 돌리기를 절대 원하지 않습니다. 이것이 대다수 일본인들의 마음이라고 믿습니다.

🎤 2018년 제주도에서 열린 개더링에서 이토 목사님은 단상에 올라 "한국인들과 결혼하고 싶습니다"라고 말했습니다. 아주 인상 깊었는데요 그렇게 하신 이유는 무엇입니까?

네. 말씀하신대로 저는 제주 개더링에서 한국인들에게 "결혼해 달라"고 청혼을 했습니다. 물론 영적인 결혼이지요. 이 세상에서 가장 깊은 관계는 혼인의 관계라고 생각했기 때문입니다. 그만큼 저는 마음 깊이 한국을 사랑합니다. 우리는 본래 형제요 자매였습니다. 제 몸 안에도, 일본인들의 몸과 문화 안에도 한국인들의 피가 흐르고 있습니다. 저는 한국 사람을 만날 때마다 '아, 우리는 오래 전부터 사랑하는 사이였구나'라는 생각을 합니다. 그렇습니다. 한국과 일본은 서로 사랑하는 사이였습니다. 사탄이 우리에게 덮개를 씌워 그 사랑을 알지 못하게 했던 것이지요.

저는 한국과 일본이 두 번 다시 이전의 갈등과 반목의 관계로 돌아가지 않기를 기도하고 있습니다. 절대 한국을 혼자 두지 않고 한국인들의 참된 가족이 되고 싶습니다. 그저 보통의 관계가 아니라 결혼한 관계가 되길 원합니다. 한국과 일본의 관계가 어려운 지금이야말로 우리 크리스천들이 서로 참 사랑을 나눌 때입니다. 신실하시고 변하지 않는 예수님의 사랑으로 우리는 하나가 될 수 있습니다. 한국과 일본이 하나가 될 때, 우리를 통해 하나님의 역사는 더욱 신속히 이뤄질 것입니다. 한일 간의 연합을 막기 위해 발악을 하는 사탄은 성령의 힘으로 멸망당하게 될 것입니다. 제가 확실히 말할 수 있는 것은 "저와 일본의 크리스천들은 변함없이 한국인들을 사랑할 것" 이라는 사실입니다.

🎙 2020년의 서울 개더링에 대한 마음을 나눠주시지요.

서울 개더링은 한국인들만의 개더링이 아닙니다. 그것은 일본을 위한 개더링이기도 하고 아시아 및 열방을 위한 개더링이기도 합니다. 우리는 하나이기 때문입니다. 그렇습니다. 우리는 하나 된 가족입니다. 민족과 인종은 다르지만 우리의 마음은 하나로 연합되어 있습니다. 그러기에 우리 모두에게는 같은 생각, 같은 신앙, 같은 정열, 같은 부르심이 있습니다.

서울 개더링은 특별히 한중일이 혼인의 관계로 들어가는 모임입니다. 가끔 아이들은 엄마에게 이렇게 묻습니다. "엄마. 나 사랑해요?" 그러면 엄마는 "그럼, 사랑하고 말고"라며 자신의 사랑을 확인해줍니다. 예수님도 베드로에게 물으셨습니다. "베드로야. 넌 날 사랑하느냐?" 베드로는 "제가 주님을 사랑하는 것을 주님이 아십니다"라고 대답했습니다. 이렇게 우리 모두는 깊은 관계 속에서 서로의 사랑을 확인합니다. 서울 개더링은 우리 모두의 사랑을 확인하는 자리입니다. 한중일 뿐 아니라 아시아 각 나라들, 열방의 나라들에서 온 성도들이 하나님 나라의 한 가족이며 모두 하늘의 시민권을 갖고 있기에 함께 걸어간다는 사

이토 요시코 목사가 개더링에서 일본을 대표해 중국 크리스천들의 선물을 받고 있다.

실을 확인하게 될 것입니다. 그러기에 우리는 될 수 있는 한 많은 일본인들과 함께 서울에 가고자 합니다.

🎤 이토 목사님 개인에 대한 이야기를 해 주시지요. 어떻게 목사가 되셨으며 긴 시간 오키나와에서 사역을 하시게 된 계기 등을 알고 싶습니다.

저는 오키나와에서 헌신하여 주님을 섬긴지 40년이 넘었습니다. 목사가 된 지는 16년이 되었습니다. 처음 헌신한 저를 맞이해 준 사람들은 가난한 어린이들과 가족이 없는 어르신들이었습니다. 오키나와는 일본 전역에서 가장 자살자가 많은 곳입니다. 제가 너무나 좋아했던 친오빠도 자살했습니다. 그 일을 계기로 하나님은 저를 오키나와로 인도하셨습니다. 오빠가 자살한 뒤, 어머니는 너무나 괴로워하셨고 저 자신도 좀처럼 마음을 정리하지 못했습니다. 항상 웃음이 떠나지 않았던 오빠가 어느 날 갑자기 스스로 목숨을 끊었다는 사실을 받아들이기 힘들었습니다. 오빠의 보이지 않았던 괴로움과 그 괴로움 뒤에 있는 것은 과연 무엇일까를 생각했습니다.

하나님을 만난 이후 저는 일본에서 가장 자살률이 높은 오키나와 사람들에게 "아무리 괴롭더라도 살아 주시기를 바란다"고 말하고 싶었습니다. 그들이 얼마나 귀한 존재인지를 알려주고 죽을 것 같이 힘든 그곳에 하나님의 기쁨과 영광, 승리가 있다는 사실을 알려주기 원했습니다. 그래서 오키나와에서 시로이 이에 (하얀 집) 미니스트리를 시작했습니다.

은둔형 외톨이들, 정신적 병에 걸린 사람들, 소망을 잃어버린 사람들이 하나님의 말씀과 사랑을 통해 회복되는 모습을 보면서 정말 하나님이 살아계신다는 사실을 체험했습니다.

누구보다도 절박한 그들은 정말 목숨을 걸고 예수님을 믿으며 구원의 감격을 느끼고 있습니다. 우리 교회에서는 자살을 시도했다 미수로 끝난 사람들이 훌륭한 사역자로 주님께 헌신하는 경우가 많습니다.

🎙 오키나와에서 교회를 시작하며 마음에 둔 소망이 있었을 텐데요.

저는 교회라기보다는 '아버지의 집'을 만들고 싶었습니다. 누구나 안심하고 돌아갈 수 있는 아버지의 집 말입니다. 마치 보통의 사람들이 집에 들어갈 때처럼 "타다이마"(다녀왔습니다)라고 말하며 들어올 수 있는 교회를 꿈꿨습니다. 저는 목사라기보다는 "타다이마"라고 하는 사람들에게 "오카에리나사이"(어서와요)라고 다정하게 말해주는 엄마가 되고 싶었습니다. 교회 역사가 이제 40년이 넘었습니다.

오키나와는 자살률과 이혼율이 전국 1위이며 정신병에 걸린 사람들도 일본에서 가장 많습니다. 과거 전쟁으로 인한 상흔이 강하게 남아 있는 곳이기도 합니다. 일본의 어떤 땅보다 하나님이 긍휼하게 여기시는 곳이라고 믿습니다.

저는 누가복음 15장의 탕자의 비유를 생각하며 '시로이 이에 펠로쉽교회'로 이름 지었습니다. 흰색은 예수님을, 집은 아버지의 집을, 펠로쉽은 가족의 교제를 나타냅니다. 우리는 초대교회의 바로 그 교회를 추구하고 있습니다. 우리 교회의 담임 목사는 예수님입니다. 저는 목사 이전에 엄마입니다. 성도들 역시 저를 엄마로 부르고 있습니다. 저는 성도들에게 '우리들에게는 전능하신 하나님 아버지가 계시다'는 사실을 늘 강조하고 있습니다. 성도들은 목사나 지도자들에게 쉽게 가까이 다가가기 어렵습니다. 그러나 엄마라면 언제나 환하게 달려갈 수 있습니다. 엄마는

04 개더링이 열방을 살린다

자녀들이 자신을 뛰어넘어 더 훌륭한 리더가 되기를 진심으로 원합니다. 제 마음이 그렇습니다. 예수님이 우리를 위해 생명을 주신 것처럼 우리 역시 생명을 다해 하나님 아버지를 전하며 그분의 사랑으로 사람들을 사랑하는 교회가 되기를 간절히 기도하고 있습니다.

🎙 **마지막으로 한국을 위해 기도해 주시면 감사하겠습니다.**

사랑하는 하늘에 계신 아버지, 아버지의 귀하신 이름을 찬양합니다. 오랜 시간 저희들에게 영적 양식을 전해준 한국 교회 성도님들과 선교사님들, 목사님들로 인해 감사를 드립니다. 한국 교회의 헌신이 없었다면 일본은 지금 같은 영적인 은혜의 때를 맞이하지 못했을 것입니다.

주님, 저희들에게 영적 형님과 같은 한국을 주신 것을 감사드립니다. 한국의 크리스천들은 민족적 상처를 준 저희들을 예수님의 큰 사랑으로 용서해주셨습니다. 이 놀라운 사랑으로 일본 교회와 기독교는 다시 일어설 수 있었습니다. 저희들이 이 사랑에 감사하여 매일 한국을 위해 중보기도 할 수 있음을 감사드립니다.

한국은 하나님의 특별한 계시와 부르심을 받은 존귀한 나라입니다. 한국을 당신의 뜻을 전할 제사장 나라로 선택해 주셔서 감사드립니다. 한국과 저희 일본이 하나가 되기를 원합니다. 저희가 하나가 되었을 때, 사탄이 얼마나 무서워할까요. 예수 안에서 한 가족이 된 한국을 마음으로 축복합니다.

하나님, 이제 한국 위에 새로운 기름부음이 넘치기를 기도합니다. 당신이 사랑하는 한국에 새로운 기름을 부으시려 준비하고 계심을 감사드립니다. 2020년의 서울 코리아 개더링에서 하늘 문을 열어주십시오. 참석하는 모두가 하나님의 충만한 가족으로서의 기쁨을 맛보게 해 주시옵소서. 아버지께서 친히 준비해 주십시오. 모든 것을 하나씩 잘 준비해주시길 원합니다. 아버지의 눈동자가 지금 한국을 주시하고 있음을 믿습니다.
한국을 마지막 때에 빛나는 영광의 나라로 세워주시기를 간절히 바라며 예수님 이름으로 기도드립니다. 아멘.

일본 교토 개더링에서 참석자들이 풍선을 날리고 있다. 일본 열도에 부흥의 바람이 불기를⋯.

개더링(GATHERING)

초판 1쇄 　 2020년 2월 25일

지 은 이 _ 데이빗 데미안 · 기록문화연구소
펴 낸 이 _ 이태형
펴 낸 곳 _ 국민북스
편　　집 _ 김태현
디 자 인 _ 서재형

등록번호 _ 제406-2015-000064호
등록일자 _ 2015년 4월 30일

주　　소 _ 경기도 파주시 와석순환로 307, 1106-601 우편번호 10892
전　　화 _ 031-943-0701
팩　　스 _ 031-942-0701
이 메 일 _ kirok21@naver.com
ISBN 979-11-88125-26-5 03230